AF535847

Digitale Freiheit

1. Auflage November 2024
2. Auflage Juni 2025

Satz und Layout: Mohn Media Mohndruck GmbH, Gütersloh
Umschlaggestaltung: Nicole Lechner

ISBN: 978-3-98992-049-1

Gerne senden wir Ihnen unser Verlagsverzeichnis
Kopp Verlag
Bertha-Benz-Straße 10
72108 Rottenburg
E-Mail: info@kopp-verlag.de
Tel.: (0 74 72) 98 06-10
Fax: (0 74 72) 98 06-11

Unser Buchprogramm finden Sie auch im Internet unter:
www.kopp-verlag.de

Michael Ballweg

Digitale Freiheit

Wie Sie Ihre Privatsphäre schützen

KOPP VERLAG

Inhalt

Vorwort

Liebe Freiheitsliebende und Mitstreiter,

wir leben in Zeiten des Umbruchs. Einer Zeit, in der es nicht mehr nur um politische Entscheidungen oder wirtschaftliche Krisen geht, sondern um Grundsätzliches: um unsere Freiheit, unsere Selbstbestimmung und um die Frage, in welcher Welt wir leben wollen.

Die Entwicklungen der letzten Jahre haben deutlich gezeigt: Das System, das vorgibt, uns zu schützen, nutzt jede Gelegenheit, um uns zu überwachen, zu kontrollieren und unsere Rechte Stück für Stück zu beschneiden. Wir sehen dies überall – ob bei der Zensur auf digitalen Plattformen, der Einführung von Zentralbank-Digitalwährungen oder der zunehmenden Überwachung unserer Kommunikation.

Doch genau in diesen Herausforderungen liegt auch unsere Chance. Die Chance, uns aus diesem System zu befreien, indem wir uns selbst ermächtigen und neue, freie Strukturen schaffen. Strukturen, die unabhängig sind von den Kontrollmechanismen der großen Techkonzerne und Regierungen. Strukturen, die uns ermöglichen, selbstbestimmt zu leben und zu handeln.

Die Bewegung Querdenken-711 entstand genau aus diesem Geist heraus. Wir stehen für Freiheit, Frieden und Wahrheit.

Wir stehen für eine Gesellschaft, in der jeder Mensch seine Meinung frei und ohne Angst vor Repressionen oder Zensur äußern kann. Und wir stehen für Eigenverantwortung – für die Überzeugung, dass jeder von uns aktiv daran arbeiten muss, die Welt zu gestalten, in der wir leben wollen.

Dabei geht es nicht nur um Proteste auf der Straße, sondern darum, wirkliche Alternativen zu schaffen. In der digitalen Welt bedeutet dies, dezentrale Systeme zu nutzen, die uns von den großen Konzernen unabhängig machen. Mit dem Projekt Digitaler Aktivist arbeiten wir genau daran. Es ist Zeit, uns die Kontrolle über unsere Daten und unser digitales Leben zurückzuholen.

Die Geschichte hat gezeigt, dass echte Veränderung immer von Menschen ausgeht, die mutig vorangehen und neue Wege beschreiten. Dies hat Mahatma Gandhi in Indien und Václav Havel in der Tschechoslowakei vorgemacht. Beide haben durch friedlichen Widerstand und den Aufbau paralleler Strukturen gezeigt, dass es möglich ist, sich einem unterdrückenden System zu entziehen – und genau das ist auch unsere Aufgabe.

Lassen Sie uns gemeinsam die Schritte gehen, die dazu nötig sind. Lassen Sie uns der Welt zeigen, dass es einen anderen Weg gibt – einen Weg der Freiheit, der Selbstbestimmung und des Friedens.

Voll Freude an Veränderung und mit tiefem Vertrauen in unsere gemeinsame Kraft,

von Herzen

Ihr Michael

Als Schlafwandler in den Überwachungsstaat – eine Bestandsaufnahme

Das Smartphone gehört längst zu unserem Alltag – vom Schulhof bis ins Seniorenwohnheim möchte keiner auf diesen digitalen Helfer verzichten. Und wie sehr wir auf unser Handy, das ja sehr viel mehr kann als nur telefonieren und E-Mails verschicken, angewiesen sind, bemerken wir spätestens, wenn das Gerät aus irgendwelchen Gründen einmal ausfällt. Gut beraten ist, wer dann ein Zweithandy zur Verfügung hat. Im Jahr 2023 belief sich die Zahl der Smartphone-Nutzer in Deutschland nach Angaben des Bundesverbandes Informationswirtschaft, Telekommunikation und neue Medien (Bitkom) auf rund 68,5 Millionen.[1] Das heißt, über 94 Prozent aller in Deutschland lebenden Menschen benutzen ein Smartphone. In Österreich besitzen 89 Prozent aller Personen im Alter ab 15 Jahren ein Handy,[2] in der Schweiz sind es über 93 Prozent, also ebenfalls so gut wie alle.[3]

Die Bezeichnung »Smartphone« wurde »1999 von dem schwedischen Unternehmen Ericsson geprägt. Das erste heute noch als Smartphone bezeichnete Mobiltelefon wurde 2007 auf den Markt gebracht (das erste iPhone von Apple). Seit 2013 sind die jährlich weltweit neu verkauften Mobiltelefone mehrheitlich Smartphones.«[4] Ohne Frage konstatieren wir hier den faszinierenden globalen Siegeszug eines Produkts. Aber ein Smartphone ist nicht nur ein Gerät zur Kommunikation, mit dem man Bilder und Videos aufnehmen, mit seinen Freunden weltweit kommunizieren, Waren bestellen und bequem sein Wertpapierdepot steuern kann, sondern es ist längst zum Statussymbol avanciert, das den Geschmack des Besitzers und dessen Sinn für Ästhetik widerspiegelt.

Und die Nachfrage nach den jeweils neuesten Modellen scheint keine Grenzen zu kennen. So wurden im Jahr 2023 weltweit rund 1,17 Milliarden Smartphones produziert. Marktführer ist nach wie vor Samsung mit einem Marktanteil von beinahe 19 Prozent, gefolgt von Apple und Xiaomi mit 15,8 beziehungsweise 14,8 Prozent.

Jede Wette: Den meisten Menschen (es gibt sicher ein paar Handy-Verweigerer) ist ihr Smartphone ans Herz gewachsen. Gestatten Sie, liebe Leserin, lieber Leser, dass ich Sie trotzdem (oder gerade deshalb) an dieser Stelle mit einer bedauerlichen Wahrheit konfrontiere: Ihre Smartphones sind nichts anderes als mobile Wanzen. Die Stasi hätte ihre große Freude daran gehabt, dass Sie immer und überall Ihre mobilen Wanzen dabeihaben und Ihre Daten freiwillig abliefern.

Der eine oder andere von Ihnen mag grundsätzlich schon etwas vorsichtiger im Umgang mit dem Handy sein und vertrauliche Gespräche lieber über das gute alte Festnetztelefon führen. Doch machen Sie sich bitte keine Illusionen: In diesem Fall tauschen Sie nur eine mobile Wanze gegen eine stationäre aus. Die führenden Digitalkonzerne, die in vielen Fällen auch mit Behörden und Geheimdiensten eine sehr lukrative Kooperation pflegen, nutzen ihre Marktmacht gnadenlos dazu aus, eine umfassende Überwachung all unserer Aktivitäten umzusetzen. Und das Handy ist hierfür ein hochwirksames Instrument. Niemand weiß, wozu diese Daten neben der Erstellung von Persönlichkeitsprofilen noch genutzt werden. In harmloseren, aber nervenden Fällen werden Sie mit ungebetener Werbung überschwemmt. In gravierenderen Fällen wollen Behörden an für sie relevante Informationen gelangen und/oder Ihnen aus diesen sozusagen einen digitalen Strick drehen. Weshalb Ihr Handy eine mobile Wanze ist und was Sie vor allem dagegen tun können, erfahren Sie im vorliegenden Buch. Ich stelle Ihnen später das Freiheits-Handy vor, mit dessen Hilfe Sie sich von den großen Techkonzernen emanzipieren und Ihre digitale Freiheit zurückerobern können. Digitale Freiheit – darum geht es mir. Da sich dieses Anliegen aber nicht auf den Umgang mit dem Smartphone beschränkt, möchte ich, bevor ich zum Freiheits-Handy komme, grundsätzlich auf das Thema »digitale Freiheit« eingehen und Sie hierfür sensibilisieren. Eine gezielte diesbezügliche Sensibilisierung der Gesellschaft erscheint mir dringend geboten.

Schon im Jahr 2021 warnte Gerd Gigerenzer: »Politiker und Bürger gehen schlafwandelnd in Richtung Überwachung.«[5]

Gigerenzer, Psychologe, ehemaliger Direktor am Max-Planck-Institut für Bildungsforschung und seit 2020 Direktor des Harding-Zentrums für Risikokompetenz an der Universität Potsdam, sprach damals von einer »Entmündigung der Menschen« und plädierte für mehr Privatsphäre und Würde der Bürger. Außerdem konstatierte der Wissenschaftler: »Es fehlt den Deutschen an digitaler Kompetenz.« Ich würde nicht so weit gehen und den Deutschen die Kompetenz per se absprechen, habe aber sehr wohl den Eindruck, dass es an digitaler Information und der bereits angesprochenen Sensibilisierung fehlt.

Oft genug höre ich den reichlich unbekümmerten Einwand: »Na und? Sollen sie meine Daten doch haben, wenn sie damit glücklich werden. Ich habe ja nichts zu verbergen.« Doch es geht nicht darum, ob Sie etwas zu verbergen haben. Es geht vielmehr um Ihre Privatsphäre, um Dinge, die den Staat, Unternehmen oder sonstige Datenkraken einfach nichts angehen. Um den Whistleblower Edward Snowden zu zitieren: »Zu argumentieren, dass Sie keine Privatsphäre brauchen, weil Sie nichts zu verbergen haben, ist so, als würden Sie sagen, dass Sie keine Meinungsfreiheit brauchen, weil Sie nichts zu sagen haben.«[6]

Ihre Daten sind für manche Institutionen, Unternehmen oder Behörden bares Geld wert. Und seien wir ehrlich: Würden Sie es zulassen, dass irgendwelche Techkonzerne, Behörden oder Werbeleute permanent in Ihrem Girokonto herumschnüffeln, weil Sie ja nichts zu verbergen haben? Sicherlich nicht.

Dass wir, um noch einmal den Psychologen Gerd Gigerenzer zu zitieren, »schlafwandelnd in Richtung Überwachung« unterwegs sind und in nicht allzu ferner Zukunft Zustände wie im total überwachten China haben könnten, halten manche für übertrieben und schieben solche Mahnungen und Warnungen gar mit der verbalen Totschlagkeule der »Verschwörungstheorie« beiseite.

Aber genau das ist das Gefährliche an der digitalen Überwachung: Sie wirkt zunächst wie Magnetismus. Man spürt sie nicht, man sieht sie nicht, man hört sie nicht. Man nimmt sie meist erst wahr, wenn es zu spät ist. Die digitale Überwachung vollzieht sich schleichend.

George Orwell 2.0

Sicher kennen Sie den dystopischen Roman *1984* von George Orwell. Der britische Autor und Journalist wurde am 25. Juni 1903 in Motihari in Britisch-Indien geboren, war zunächst Beamter und begann später mit dem Schreiben. Sein erstes wichtiges Werk war die 1945 erschienene Fabel *Animal Farm*. Nach dem Tod seiner Frau lebte Orwell abgeschieden an der Westküste Schottlands. Dort entstand die 1948 erschienene Dystopie *1984*. In diesem Roman beschreibt der Autor einen totalitären Staat mit lückenloser Überwachung, Unterdrückung und Folter. Eines seiner bekanntesten Zitate, das aktueller denn je ist, lautet: »Wenn das Denken die Sprache korrumpiert, korrumpiert die Sprache auch das Denken.«

Wer heute den Roman *1984* liest, gewinnt den Eindruck, man müsste dieses literarische Werk nur ein wenig aktualisieren – und schon würde es die Realität der Gegenwart widerspiegeln. In der Tat gibt es viele Parallelen. Was Orwell allerdings nicht voraussehen konnte, sind die ungeahnten Möglichkeiten der digitalen Überwachung. Und diese begegnet uns nicht nur im Umgang mit unseren Handys, sondern bald auch bei den Bezahlprozessen.

Als vor einigen Jahren die ersten kritischen Bücher über das drohende Bargeldverbot erschienen, hielten viele die darin enthaltenen Warnungen für Panikmache oder »Verschwörungstheorien«. Vor allem die Deutschen und Österreicher liebten doch ihr Bargeld. Also werde es kein Politiker und kein Notenbanker wagen, ihnen die Scheine und Münzen zu entziehen und damit die einzige Möglichkeit, bar zu bezahlen. Selbst als die 500-Euro-Scheine allmählich aus dem Verkehr gezogen wurden, klingelten bei den meisten Bürgern noch keine Alarmglocken. Ganz im Gegenteil. Ein wenig erinnert das Verhalten der Menschen in dieser Hinsicht an Herrn Biedermann aus Max Frischs Drama *Biedermann und die Brandstifter*. Man bemerkt, dass da üble Dinge laufen, versucht aber, sie sich schönzureden und zu verharmlosen. Wird so schlimm schon nicht werden, denn bekanntlich wird nichts so heiß gegessen, wie es gekocht wird. Die Deutschen und Österreicher werden sich ihr Bargeld schon nicht nehmen lassen.

Doch wie sieht die Situation rund 40 Jahre nach der Veröffentlichung von Orwells Roman *1984* aus? Die deutsche Bargeldliebe »erkalte«, berichtete die *Tagesschau* im Juli 2024 und berief sich dabei auf eine aktuelle Bezahlstudie der Deutschen Bundesbank.[7] Gemäß dieser wurde im Jahr 2023 fast jede zweite Zahlungstransaktion bargeldlos abgewickelt, also entweder mit Karte, Smartphone oder Smartwatch. Der Anteil der bargeldlosen Bezahlungen sei 2023 auf 49 Prozent gestiegen, nachdem es bei der letzten Befragung der Bundesbank im Jahr 2021 noch 42 Prozent gewesen seien.

»War on Cash«

Man darf die Aussagekraft dieser Studie sicher in einem Punkt anzweifeln. Denn in die Untersuchung flossen auch Internetkäufe ein, bei denen die Bezahlung mit bargeldlosen Systemen wie Kreditkarte, Bankkarte, PayPal und so weiter schon immer gang und gäbe war. Mit zunehmendem Online-Shopping steigt logischerweise auch der Anteil bargeldloser Zahlungen. Aber auch der von Großkonzernen, Regierungen, Finanzinstituten und NGOs wie der Gates-Stiftung befeuerte »War on Cash« zeigt in Deutschland allmählich Wirkung.

Wie immer, wenn es gilt, der Daten der Menschen habhaft zu werden (und darum geht es letztlich auch bei Bargeldrestriktionen oder einem eventuellen Bargeldverbot), wird mit subtilen Methoden gearbeitet. So soll das Smartphone natürlich nicht als mobile Wanze wahrgenommen werden, sondern als nützlicher Helfer im Alltag und als Kommunikationsmittel. Man kann zum Beispiel Bilder und Videos via WhatsApp oder E-Mail verschicken und Freunde und Bekannte ein bisschen neidisch machen. Früher schickte man Ansichtskarten, heute eben Bilder, Videos und Textnachrichten. Jeder, der möchte und über die nötigen technischen Voraussetzungen verfügt, kann sie sich anschauen.

Doch wer seine Einkäufe künftig nur noch mit Karte, Smartphone oder Smartwatch bezahlt, hinterlässt digitale Spuren, mit deren Hilfe man die Konsumgewohnheiten des Betreffenden ausschnüffeln und komplette Bewegungsprofile erstellen kann. Gönnen Sie sich beispielsweise an einem anderen Ort als in Ihrer Stammkneipe, in der Sie bestens bekannt sind, mittags einen Lunch und bezahlen bar, dann kennt niemand Ihren Namen und niemand weiß, woher Sie kommen.

Menschen, die ihre Daten arglos preisgeben, werden für ihr »kooperatives« Verhalten belohnt. Diese Strategie ruht im Wesentlichen auf drei Säulen:

1. **Convenience,** also Bequemlichkeit: Der Kunde braucht sich um wenig zu kümmern. Den Umgang mit dem Smartphone beherrscht heute schon jedes Kind, denn die großen Techkonzerne machen es uns so einfach wie möglich. Beim Einkaufen zahlen wir einfach mit Karte oder Smartphone. Wenn es nicht gerade mal wieder zu System- oder Stromausfällen kommt, geht das meist flott über die Bühne. Der Kunde muss auch kein Wechselgeld entgegennehmen, das seine Geldbörse beschwert. Und auch die Sorge, nicht genug Geld zum Einkauf mitgenommen zu haben, entfällt. Wer nicht ständig überlegen muss, ob das Geld im Portemonnaie ausreicht, kauft außerdem großzügiger ein und bringt folglich mehr Umsatz. Das wiederum freut den Händler.
2. **Belohnung:** »Geiz ist geil«, lautete einmal ein ebenso erfolgreicher wie blödsinniger Werbeslogan. Denn Geiz ist, psychologisch betrachtet, überhaupt nicht geil, sondern eine Art inneres Gefängnis. Geizige Menschen weisen das Etikett Geiz meist vehement von sich und behaupten, sie seien bloß sparsam und hielten »das Geld zusammen«. Jedenfalls reagieren die meisten Menschen stark auf Rabatte, Sonderangebote und

Boni. Psychologen behaupten, Rabatte brächten Hirnareale in Wallung, die auch auf Kokain reagierten, und Gratisangebote könnten sogar geradezu rauschartige Zustände auslösen. Wenn also etwa ein Supermarkt oder ein Discounter allen Kunden einen Preisnachlass einräumt, die sich eine entsprechende App auf ihr Smartphone runterladen, dann werden viele diese Einladung annehmen. Und wenn das Busfahrticket ein paar Cent günstiger ist, wenn man es mit Karte oder Smartphone bezahlt, dürfte auch dies auf eine entsprechende Resonanz stoßen. Dabei sollte an und für sich doch längst klar sein: Niemand hat etwas zu verschenken. Räumt man Ihnen also einen Rabatt oder Bonus dafür ein, dass Sie eine App auf Ihrem Handy installieren, dann zahlen Sie den damit verbundenen Vorteil letztlich mit Ihren eigenen Daten.

3. **Diskreditierung:** Barzahler stehen – vor allem dann, wenn es um größere Summen geht – oft unter Generalverdacht. Sie sind potenzielle Steuerhinterzieher und Geldwäscher. »Nur Großmütter und Ganoven zahlen noch bar«, lautet ein verleumderisches Argument der interessengesteuerten Bargeldgegner.

Auch der Einführung des digitalen Euro, also der europäischen Variante der Central Bank Digital Currency (CBDC), welche bis zum Jahr 2027 geplant ist, steht eine Mehrheit der Deutschen offenbar gleichgültig oder sogar befürwortend gegenüber. Sie können oder wollen es nicht nachvollziehen, dass der E-Euro ein staatliches Kontroll- und Überwachungsinstrument werden kann. Der E-Euro wird von vielen als eine Art »staatlicher Bitcoin« betrachtet, ist aber eher das Gegenteil, denn er ist programmierbar – und damit lassen sich die Bürger steuern. Doch die Frage muss erlaubt sein: Brauchen wir den E-Euro überhaupt? Nein, wir brauchen ihn nicht. Wer es vorzieht, unbar zu zahlen, hat schon heute zahlreiche Möglichkeiten. Er kann seine Debit- oder Kreditkarte zücken, mit dem Smartphone oder der Smartwatch zahlen, den Rechnungsbetrag überweisen oder mithilfe von Zahlungsdienstleistern wie PayPal begleichen. Uns steht (noch) Bargeld zur Verfügung und natürlich der Bitcoin. Weshalb also ein zusätzliches Zahlungsmittel wie den E-Euro einführen? Die Antwort ist ganz simpel: Er ist ein weiteres Überwachungsinstrument, und zwar ein höchst effizientes. Jonas Groß, der Vorsitzende der Digital Euro Association (DEA) und in dieser Funktion sicher kein dezidierter Gegner des E-Euro, bringt die Gefahr auf den Punkt: »Letztlich kann so eine digitale Währung in alle Richtungen ausgestaltet sein. Also es kann von der Privatsphäre her komplett transparent sein oder komplett anonym ohne Limits. In diesem Spektrum bewegen wir uns.«[8] Es stellt sich mit anderen Worten die Frage, ob die digitale Zentralbankwährung als Überwachungs- und Erziehungsinstrument genutzt wird – wie zum Beispiel in China – oder die europäischen Behörden den Schutz unserer Daten und mithin unserer Privatsphäre eher streng auslegen. An die letztgenannte Möglichkeit glaubt wohl niemand, der die staatliche Vorgehensweise während der Coronahysterie erlebt hat.

Machen wir uns bitte nichts vor, liebe Leserin, lieber Leser: Wenn ein Staat die Möglichkeiten zur Kontrolle und Lenkung seiner Bürger hat, dann wird er sie auch nutzen. Vielleicht nicht so exzessiv wie in China, sondern subtiler und immer gekoppelt an gutmenschliche Ziele. Ein fiktives Beispiel: Es könnte zum Schutz des Klimas beitragen, wenn Rentner nicht mehr so häufig in Urlaub führen und stattdessen zu Hause in ihrer Heimat ihren Ruhestand genössen. Um das zu erreichen, müssten die künftigen Rentenzahlungen ausschließlich in E-Euro ausgezahlt und diese so programmiert werden, dass die staatliche Digitalwährung nur in einem Radius von vielleicht 100 Kilometern einsetzbar ist.

Sie denken immer noch, gerade der deutsche Staat würde sehr zurückhaltend mit den Daten seiner Bürger umgehen und Überwachungsinstrumente nur einsetzen, um Verbrechen wie Terror, Kinderpornografie, Geldwäsche und Steuerhinterziehung wirksam zu bekämpfen? Dann lassen Sie uns doch bitte einen Blick zurück ins Jahr 2005 werfen. Damals führte die Bundesregierung die automatisierte Kontenabfrage ein – wie üblich unter dem Vorwand, Steuerhinterziehung und Geldwäsche einzudämmen. Seither können vor allem Finanz- und Sozialämter sowie Arbeitsagenturen die sogenannten Kontostammdaten eines jeden Bürgers abfragen. »Zu den Kontostammdaten zählen zum einen die Kontonummer, das Eröffnungs- beziehungsweise Auflösungsdatum eines Kontos, zum anderen aber auch Name, Anschrift, Geburtsdaten, vorhandene Bausparverträge und Wertpapierdepots der Kontoinhaber«, heißt es in einer Stellungnahme der Bundesregierung.[9] Die Abfrage erfolgt grundsätzlich über das Bundeszentralamt für Steuern, ohne dass der Betroffene etwas davon erfährt.

Von dieser Überwachungsmethode wird seit einigen Jahren exzessiv Gebrauch gemacht. Die Medien berichten von ständig neuen Rekorden bei den Fallzahlen. So wurden im Jahr 2015 noch 98 000 Anfragen registriert, 2022 waren es schon über 294 000 (aktuellere Zahlen lagen zum Redaktionsschluss dieses Buches nicht vor).[10] Allein dieses Beispiel zeigt, dass ein Überwachungsinstrument, sobald es eingeführt ist, intensiv genutzt wird.

Dass sich der programmierbare digitale Euro zur Überwachung und Erziehung der Menschen eignet, ist unbestritten. Also wird man von diesen Möglichkeiten auch Gebrauch machen. Welche dystopischen Features des E-Euro und anderer digitaler Zentralbankwährungen auf uns zukommen könnten, beschreiben die Autoren Michael Brückner und Jessica Horn in ihrem Buch *Digitale Zentralbankwährung – wenn E-Euro & Co. zum staatlichen Kontroll- und Überwachungsinstrument werden*:

1. Die Souveränität der Menschen im Umfang mit Geld wird deutlich eingeschränkt. So könnte das digitale Zentralbankgeld teilweise nur bis zu einer bestimmten Summe pro Monat beziehungsweise pro Jahr ausgegeben werden dürfen (zum Beispiel für angeblich klimaschädigende Flugreisen, alkoholische Getränke, Tabak, Süßigkeiten usw.). Da der digitale Euro wie erwähnt programmierbar ist, können etwa Steuerungs- und Kontrollfunktionen eingebaut werden, ferner Ablaufdaten, kontinuierlicher Wertverlust im Zeitablauf sowie eine Nachverfolgung des »ökologischen Fußabdrucks« aller Einkäufe.

2. Denkbar sind des Weiteren regionale Restriktionen. Das heißt, das Geld darf nur in bestimmten Ländern ausgegeben werden. Das beträfe zum Beispiel Auswanderer, die außerhalb der EU leben, aber eine deutsche Rente beziehen.

3. Zeitliche Restriktionen: Möglicherweise muss das Geld in bestimmten Zeiträumen ausgegeben werden (daraus resultiert dann quasi ein »Konsumzwang«, um eine lahmende Konjunktur anzukurbeln).

4. Kontrolle durch die Regierung beziehungsweise Behörden: Nicht die Menschen entscheiden darüber, wie sie ihr Geld ausgeben, sie sind vielmehr vom Wohlwollen der Regierung abhängig. Im Extremfall können die Menschen über digitales Zentralbankgeld für systemkonformes Verhalten belohnt oder für Aufmüpfigkeit (etwa gegen einen neuen Impfzwang) bestraft werden.

5. Die Bestrafung von »Aufmüpfigkeit« wird nach Einführung des digitalen Euros viel einfacher werden. Kritischen Bürgern, gegen die Sanktionen verhängt wurden, kann der Zugang zu Konten mit digitaler Zentralbankwährung problemlos entzogen werden, sobald sie auf einer Sanktionsliste stehen, ohne dass sich ein Staat bei der Umsetzung von Sanktionsentscheidungen auf Banken verlassen muss.

6. Das derzeitige dezentralisierte System mit Tausenden von Banken kann nicht so leicht gehackt werden wie ein zentrales System mit digitaler Zentralbankwährung.[11]

Wer schnüffelt am intensivsten?

Mit der staatlichen Überwachung der Bürger ist es wie mit der Bürokratie: Zwar wird allenthalben betont, man müsse diese auf das absolut notwendige Maß beschränken und dort, wo sie unnötig, ja sogar kontraproduktiv sei, gezielt abbauen, doch in Wirklichkeit geschieht genau das Gegenteil: Sowohl die staatliche Überwachung als auch die Bürokratie nehmen stetig zu, und Datenschutz- sowie Antibürokratiebeauftragte erweisen sich als fürstlich bezahlte Papiertiger. Als die sogenannte Ampelkoalition im Jahr 2021 ins Amt kam, gelobten ihre Protagonisten, die Eingriffe des Staates in die bürgerlichen Freiheitsrechte stets gut zu begründen und in ihrer Gesamtwirkung zu betrachten.

Nun, gute Gründe finden sich immer, und so kommt eine im Jahr 2022 veröffentlichte Untersuchung mit dem Titel »Überwachungsbarometer für Deutschland« vom Freiburger Max-Planck-Institut zu Ergebnissen, die nicht gerade überraschen. Sie wurde von der Friedrich-Naumann-Stiftung in Auftrag gegeben und stellt fest, dass die staatliche Überwachung »fast exponentiell« gestiegen sei.[12] Auch wenn diese Studie nicht mehr taufrisch ist, lässt sie doch einen klaren Trend erkennen. Die Zahl der behördlichen Abfragen bei IT-Providern (Microsoft, Apple und Google) stieg von 21 704 im Jahr 2013 auf 58 413 im Jahr 2019. Tendenz: weiter steigend. Während im Rahmen der Geldwäschekontrolle 2009 nur 9756 Verdachtsanzeigen von Banken, Finanzdienstleistern, Rechtsanwälten, Steuerberatern und Maklern an die dem Zoll angegliederte Financial Intelligence Unit (FIU) erfolgten, waren es 2019 schon atemberaubende 114 914.

Und wer mit wem telefoniert, SMS oder E-Mails austauscht, scheint die Behörden ebenfalls brennend zu interessieren. Im Jahr 2019 wurden fast 27 500 Anordnungen zur Erhebung von Verkehrsdaten erlassen (zum Vergleich: 2008 waren es noch rund 13 900).

Doch wer interessiert sich seitens des Staates so sehr für unsere Daten beziehungsweise – zugespitzt formuliert – wo sitzen die aktivsten und neugierigsten Schnüffler? Auch hierzu findet man in der erwähnten Studie Antworten: Es sind vor allem die Staatsanwaltschaften, das Bundeskriminalamt, die Bundespolizei, die jeweilige Landespolizei, Nachrichtendienste, Steuerbehörden, Zollbehörden, die Netzagentur, die Finanzaufsichtsbehörde BaFin und das Bundeszentralamt für Steuern.

Die »smarten Wanzen« im Haushalt

Elektronische Heinzelmännchen nehmen uns Teile der lästigen Hausarbeit ab. Das ist die gute Nachricht. Aber auch hier gibt es eine Kehrseite, denn wir geben in den meisten Fällen leichtfertig oder unwissentlich persönliche Daten und Informationen über unser wohnliches Umfeld preis. Saugroboter, Rasenmähroboter, vernetzte Lautsprecher und natürlich Sprachassistenzsysteme wie Alexa von Amazon und Siri von Apple – immer mehr internetfähige Geräte halten Einzug in unsere Wohnungen und Häuser. Laut Statista nutzten 2024 rund 45 Prozent aller deutschen Haushalte solche Smart-Home-Geräte. Bis 2028 könnte der Anteil sogar auf mehr als 90 Prozent steigen.[13] Doch die damit verbundenen Risiken werden häufig übersehen – und die entstehen nicht nur durch den leichtfertigen Umgang mit Alexa und Co. Theoretisch ist es laut dem Sicherheitsexperten Ahmad-Reza Sadeghi von der TU Darmstadt schon heute möglich, dass ein Einbrecher mit entsprechenden IT-Kenntnissen ein Smart Home, also eine Wohnung mit smarten Haushaltsgeräten, hackt und dann ganz bequem die Haustür per Knopfdruck öffnet.[14]

Die Kameras und Sensoren der elektronischen Heinzelmännchen spionieren uns aus, ohne dass wir es bemerken. Denn faktisch ist zum Beispiel ein Saugroboter nichts anderes als eine mobile Sensorenplattform, die dem Server im Internet, mit dem sie verbunden ist, jede Menge Daten schickt. Besonders problematisch sind Saugroboter, die zusätzlich mit Kameras ausgestattet sind.

Haben Sie sich auch schon gewundert, wie geschickt so ein Saugroboter durch ihre Wohnung fährt, jedes Hindernis erkennt und diesem ausweicht? Das Zauberwort heißt LiDAR. Dieses Akronym steht für »Light Detection and Ranging« (»Lichterkennung und Fernerkundung/Entfernungsmessung«), bei dem es sich um einen Scanner zur Erfassung der Umgebung handelt. Wie Forscher aus Singapur schon im Jahr 2021 herausgefunden haben, können solche LiDAR-Scanner unter bestimmten Voraussetzungen auch als Abhörmikrofon eingesetzt werden.[15] Die Vorstellung, dass der kleine Helfer nicht nur unseren Fußboden säubert, sondern unter Umständen auch unsere Gespräche abhören kann, ist nicht gerade beruhigend.

Aber auch wenn der Roboter keine Gespräche aufzeichnet, sammelt er jede Menge Daten aus unserem Umfeld und schickt diese an die Cloud. Mit ihrer Hilfe lassen sich ganze Grundrisse von Wohnungen erstellen. Und dieser Datenhunger wird in den nächsten Jahren noch zunehmen. Den führenden Herstellern von Staubsaugerrobotern – unter anderem iRobot, Samsung, Roborock und Dyson – geht es längst nicht mehr nur um Bodenreinigung, sie haben weitergehende Pläne. Falls Sie solche Roboter einsetzen, wird jeder Hacker bald sehr genau wissen, wie es in Ihrer Wohnung aussieht. Und solche Informationen interessieren nicht nur potenzielle Einbrecher, sondern zum Beispiel auch die Hausratsversicherung.

Und noch eine Schnüffelbehörde: AMLA

Stolz wie Oskar präsentierte Finanzminister Christian Lindner Anfang 2024 die Anti-Money Laundering Authority (AMLA, »Anti-Geldwäsche-Behörde«). An deren Zustandekommen hatte er zwar nur einen geringen Anteil, aber immerhin erhielt die neue Finanzbehörde, die voraussichtlich Mitte 2025 ihre Arbeit aufnehmen wird, ihren Sitz in Frankfurt am Main, eng vernetzt mit der Europäischen Zentralbank (EZB) und der Europäischen Aufsichtsbehörde für das Versicherungswesen und die betriebliche Altersversorgung (EIOPA).

Dank AMLA entsteht eine neue europaweite Überwachungsbürokratie. Damit die Bürger das aber anders sehen und sich über die Entscheidung der 27 EU-Mitgliedstaaten und des Europäischen Parlaments ebenso freuen wie Lindner und Co., wurde sogleich ein gutmenschliches Framing in Szene gesetzt. Es gehe um die Bekämpfung der Finanzkriminalität, um schmutzige Drogengelder, mafiöse Schutzgelderpressung, Geldwäsche und andere schlimme Dinge. AMLA solle den üblichen Verdächtigen das Handwerk legen, lautet also das sattsam bekannte Narrativ.

Was dabei aber vorsätzlich vergessen wird, ist der Umstand, dass AMLA eine zentrale Rolle bei der Umsetzung von Barzahlungsrestriktionen und später vielleicht sogar bei einer Bargeldabschaffung spielen wird. Dazu muss man wissen, dass sich die EU vor einiger Zeit auf eine Barzahlungsobergrenze von 10 000 Euro geeinigt hat. Für die Durchsetzung der neuen Regeln soll eben AMLA sorgen, in deren Visier dann schon ein harmloser Gebrauchtwagenkäufer geraten könnte, der sein neues Fahrzeug bar bezahlt. Bundesinnenministerin Nancy Faeser, die sogar von immer mehr Mainstream-Journalisten als absolute Fehlbesetzung bezeichnet wird, plädierte schon 2022 für eine Bargeldobergrenze von 10 000 Euro mit dem Argument, diese diene der Bekämpfung der organisierten Kriminalität. Ein Scheinargument, sagen viele Experten. »Bislang gibt es keinen wissenschaftlich fundierten Beleg, dass mit Barzahlungsobergrenzen das Ziel erreicht wird, Geldwäsche zu bekämpfen«, stellt Ex-Bundesbankvorstand Johannes Beermann fest. Und der Verfassungsrechtler Hans-Jürgen Papier hat Bedenken, dass gesetzliche Begrenzungen von Bargeldzahlungen verfassungsrechtlich zulässig sind.[16]

Durch »finanzielle Transparenz« zum gläsernen EU-Bürger

Eine zentrale Aufgabe wird der AMLA nicht zuletzt im Zusammenhang mit dem künftigen Vermögensregister zukommen. Ob

Immobilien oder Unternehmenswerte, Firmenbeteiligungen, Aktien, Kryptowährungen, Autos, Jachten, Kunstwerke, Edelmetalle, Diamanten, Uhren oder andere Luxusgegenstände im Wert von über 200 000 Euro – alle Vermögenswerte der EU-Bürger sollen künftig in einem Vermögensregister festgehalten werden. Nach der notorischen offiziellen Lesart soll dieses Vermögensregister nicht nur der Geldwäsche und der Terrorismusfinanzierung einen Riegel vorschieben, sondern auch dabei helfen, Sanktionen wie die gegen Russland durch die Möglichkeit des Einfrierens von Konten schneller durchsetzen zu können. Die neue Mega-EU-Anti-Geldwäschebehörde AMLA könnte dieses weitreichende Vorhaben beaufsichtigen. Doch neben Behörden sollen auch Personen mit »berechtigtem Interesse« zukünftig Zugang zu dem Register erhalten.

Was die Mainstream-Medien den Bürgern mit dem Begriff »finanzielle Transparenz« noch schmackhaft zu machen versuchen, stößt bei vielen unter anderem wegen des mangelnden Datenschutzes auf harsche Kritik. Denn trotz der in der Europäischen Union geltenden Datenschutz-Grundverordnung (DSGVO) könnte Datenschutz in diesem Bereich zukünftig nur noch eine untergeordnete Rolle spielen. Grund genug, dass der EU-Kommissionssprecher Eric Mamer eine Richtigstellung vornehmen lässt und dabei betont, dass derzeit lediglich eine »Machbarkeitsstudie« zum rechtlichen und logistischen Vorhaben eines Vermögensregisters vorläge. Frei nach Walter Ulbricht beteuert Mamer, dass die Europäische Kommission keinerlei Absicht habe, eine zentrale Datenbank über das Vermögen der EU-Bürger einzurichten. »Diese Übersichtsstudie bildet lediglich ab, welche Mechanismen in den 27 Mitgliedstaaten vorhanden sind (Mappingstudie). Die Kommission selbst plant keine Aktivitäten auf der Grundlage dieser Studie.«[17]

Laut offizieller Ausschreibung der Europäischen Union hat diese Machbarkeitsstudie den europäischen Steuerzahler ungefähr 400 000 Euro gekostet. Es ist also schwer vorstellbar, dass die Ergebnisse dieser Studie nun in der Schublade versauern. Wahrscheinlicher ist es, dass die EU wie bereits 2021, als der erste Vorstoß zum Vermögensregister an die Öffentlichkeit drang, zunächst wieder zurückrudert, um die Gemüter nicht zu überhitzen. Doch streng genommen verbirgt sich dahinter nichts anderes als eine Kriegslist. Durch das Vortäuschen eines Angriffs und die harschen Reaktionen darauf, lässt der Gegner öffentlichkeitswirksam von seinem Vorhaben ab, um es dann hinter verschlossenen Türen umso besser voranzubringen. Wiederholt man diesen Vorgang oft genug, ist der Gegner in der Annahme, der Plan werde ohnehin nicht umgesetzt, irgendwann so ermüdet, dass er sich nicht mehr zur Wehr setzt. Auf diese Weise kann das ursprüngliche Vorhaben ohne nennenswerte Gegenwehr in die Tat umgesetzt werden.

Zudem wird die Mehrheit der Bevölkerung durch die relativ hohe Freigrenze von 200 000 Euro in dem Irrglauben gelassen, dass das Vermögensregister einen selbst nicht betrifft. Es sollten jedoch keine Zweifel daran bestehen, dass, sobald einmal die Strukturen für das Vermögensregister geschaffen worden sind, sich diese Freigrenze jederzeit nach unten korrigieren lässt.

Eines steht zumindest außer Frage: Das Vermögensregister ist logistisch machbar, da die meisten Daten der EU-Bürger bereits digital vorliegen und nur noch zentral zusammengeführt werden müssten. Allerdings gibt es rechtlich gesehen noch einige

Fallstricke. Ein Vermögensregister verstößt nicht nur gegen jeglichen Datenschutz, sondern hebelt auch weitere Artikel des deutschen Grundgesetzes und der europäischen Menschenrechtskonvention aus. Etwa das Recht auf informationelle Selbstbestimmung, nach dem jede Person grundsätzlich selbst über die Preisgabe, aber auch die Verwendung ihrer personenbezogenen Daten bestimmen kann. Und damit hängt – darauf weist die Steueranwältin Patricia Lederer hin – eng zusammen, dass durch die Einführung eines Vermögensregisters auch die Rechtswegsicherheit wegfällt. Lederer zieht als Beispiel den Einspruch nach einem Steuerbescheid heran, welcher üblicherweise mit einem Antrag auf Aussetzung der Vollziehung (dem sogenannten AdV-Antrag) gestellt werden sollte. Werde solch ein AdV-Antrag vom Finanzamt abgelehnt, könne die Behörde noch während eines laufenden Gerichtsprozesses ihre Forderungen durchsetzen. Mit einem Vermögensregister, mithilfe dessen das Finanzamt jederzeit einsehen kann, über welche Vermögenswerte jemand verfügt, gestalte sich eine Vollstreckung noch einfacher. Fast schon selbstredend ergibt sich daraus, was viele Kritiker befürchten, dass nämlich ein Vermögensregister auch der Vorbereitung neuer Vermögensabgaben oder der Umsetzung des viel diskutierten Lastenausgleichs dienen könnte.[18]

Mithin lässt sich feststellen:

1. Ein Vermögensregister bedeutet einen erheblichen Eingriff in die Privatsphäre der EU-Bürger.
2. Die gesammelten Daten könnten durch unbefugten Zugriff oder den Missbrauch von Behörden zum Nachteil der EU-Bürger genutzt werden.

3. Ein Vermögensregister könnte zur verstärkten Überwachung und Kontrolle der EU-Bürger führen.
4. Die Speicherung sensibler Finanzdaten könnte ein Ziel für Cyberangriffe darstellen.

Vermögensverschleierungsbekämpfungsgesetz (VVBG): Sachwerte im Fokus der Behörden

Nur Bürokraten können ein solches Wortungeheuer kreieren: Vermögensverschleierungsbekämpfungsgesetz. Man könnte sich darüber amüsieren, wenn das, worum es dabei geht, nicht so ernst wäre. Das VVBG zielt nämlich offiziell darauf ab, die Integrität und Stabilität des Finanzsystems zu schützen, indem es die Verschleierung und Einbringung bedeutsamer inkriminierter Vermögenswerte unterbindet. Einmal mehr wird hier der Eingriff in die Privatsphäre der Menschen mit hehren politischen Zielen verknüpft. Und wieder einmal gilt es, den Geldwäschern den Garaus zu machen. Dabei können die Auswirkungen des VVBG jeden unbescholtenen Bürger treffen, der sich zum Beispiel ein extravagantes Hobby leistet.

Das Gesetz besteht im Wesentlichen aus drei Teilbereichen:[19]

1. **Die Erklärungsanordnung**
   Angenommen, Sie gönnen sich eine luxuriöse Limousine, obgleich Sie nur ein durchschnittliches Einkommen beziehen. Oder Sie besitzen zwei, drei teure Armbanduhren Schweizer Provenienz. Vielleicht haben Sie geerbt oder die Ablaufleistung einer Lebensversicherung

ausbezahlt bekommen, vielleicht haben Sie jahrelang gespart und auf teure Urlaube verzichtet, um sich einen tollen Wagen anschaffen zu können. Und all dies geht die staatlichen Behörden nichts an. Rein gar nichts! Doch dann tauchen plötzlich Hinweise auf, dass es eine Diskrepanz zwischen Ihrem Lebensstil und Ihrem Einkommen beziehungsweise Vermögen gibt. Sei es, dass dies im Rahmen einer Steuerprüfung aufgefallen ist, sei es, dass ein »lieber« Nachbar Sie aus Neid angeschwärzt hat. Dann können die Behörden im Rahmen des VVBG eine sogenannte Erklärungsanordnung erlassen und von Ihnen Auskunft über die Herkunft dieser »verdächtigen« Vermögensgegenstände verlangen.

2. **Vorläufige Sicherstellung**
   Erscheinen Ihre Erklärungen aus Sicht der Behörden nicht plausibel (und im Zweifelsfall wird man eher geneigt sein, die Plausibilitätsprüfung zu Ihren Ungunsten ausfallen zu lassen), dann können die entsprechenden Vermögensgegenstände vorläufig sichergestellt werden. Im Klartext: Sie können über diese Vermögensgegenstände nicht mehr verfügen. Das gilt zum Beispiel auch für Goldbarren oder -münzen, sofern Ihnen deren Besitz nachgewiesen werden kann.
3. **Ermittlungsbefugnisse**
   Schließlich verfügen die Behörden über erhebliche Ermittlungsbefugnisse, die zum Beispiel auch Hausdurchsuchungen und die Beschlagnahme von Unterlagen umfassen.

Der Fachanwalt Jens Ferner sieht dieses Gesetz, das zum 1. Januar 2025 in Kraft treten soll, dementsprechend kritisch und sagt, die Pflicht zur Offenlegung von Vermögenswerten ließe sich als Eingriff in das Recht auf Eigentum betrachten. Außerdem könne die aktuelle Wertgrenze von 100 000 Euro für die Anwendung des Gesetzes künftig gesenkt werden. Dies würde den Kreis der betroffenen Bürger erweitern und zu vermehrten staatlichen Eingriffen in private Eigentumsverhältnisse führen. Und schließlich stellten sich hinsichtlich der erweiterten Ermittlungsbefugnisse Fragen in Bezug auf den Datenschutz und die Privatsphäre der Bürger. Es bestehe die Gefahr, dass diese Befugnisse missbraucht werden.[20]

Auch der Bund Deutscher Kriminalbeamter kritisiert diesen Gesetzentwurf in einer Stellungnahme gegenüber dem Bundesfinanzministerium vom 7. Mai 2024 scharf:

> Der nun vorliegende neue Anlauf für ein Vermögensverschleierungsbekämpfungsgesetz (VVBG) mit einem Vermögensermittlungsgesetz ist, wie im Folgenden aufgezeigt werden wird, ein gänzlich untauglicher Versuch, die Geldwäschebekämpfung in Deutschland zu verbessern. [...] Unterm Strich würde durch das VVBG eine Verwaltungsbehörde [...] mit 120 Mitarbeiterinnen und Mitarbeitern [...] geschaffen werden, die kaum Handlungsspielraum hat, im Wesentlichen ein paar Dateiabklärungen durchführen und Leute befragen darf, die ihr nicht antworten müssen, um im Ergebnis darauf zu hoffen, dass entweder ein mutmaßlicher Krimineller, der zuvor oft viel Aufwand in Verschleierungshandlungen gesteckt hat, ohne jegliche Not plötzlich ein Geständnis [...] ablegt

oder dass eine Staatsanwaltschaft dann in weitere Ermittlungen einsteigt.[21]

Digitale Freiheit – wie ich sie sehe

Ich möchte diesen kurzen Ausflug ins Reich behördlicher Überwachungsmaßnahmen mit ein paar persönlichen Anmerkungen beenden: Die Zeit, die ich im Gefängnis verbrachte, nutzte ich, um mich intensiv mit Freiheitsbewegungen auseinanderzusetzen. Dabei stieß ich auf zwei Bewegungen, die besonders erfolgreich waren:

1. die Bewegung um Mahatma Gandhi in Indien, die als die indische Unabhängigkeitsbewegung bekannt wurde, und
2. die Charta 77, angeführt von Václav Havel in der damaligen Tschechoslowakei.

Beide Bewegungen zeichneten sich durch zwei wesentliche Grundsätze aus:

- **Absolute Friedlichkeit:**
  Diese Bewegungen haben gezeigt, dass echter Wandel durch gewaltfreie Mittel erreicht werden kann. Durch Friedlichkeit können wir das Herz, den Verstand und das Vertrauen der Menschen gewinnen und somit unsere Ziele erreichen.

- **Aufbau von Parallelsystemen:**
  Beide Bewegungen erkannten, dass es entscheidend ist, dem bestehenden System die Energie zu entziehen und gleichzeitig handlungsfähig zu bleiben. Durch den Aufbau von unabhängigen Strukturen – parallelen Bildungssystemen, alternativen Medien oder lokalen Netzwerken – schaffen wir es, Ressourcen zu mobilisieren und die Abhängigkeit vom unterdrückenden System zu reduzieren. Diese Parallelsysteme dienen nicht nur als Werkzeuge des Widerstands, sondern auch als Modelle für eine gerechtere und freiere Gesellschaft.

Beide Grundsätze – absolute Friedlichkeit und der Aufbau von Parallelsystemen – sind Lehren, die wir aus diesen erfolgreichen Bewegungen ziehen können.

Doch wie können wir sie konkret umsetzen?

Mein Schwerpunkt als erfahrener IT-Unternehmer liegt darin, dem digital-finanziellen Komplex unsere Daten zu entziehen und ihn damit finanziell zu schwächen. Denn mit Ihren Daten verdient er jenes Geld, das er dazu verwendet, uns zu zensieren. Ein wichtiges Instrument dafür ist das Freiheits-Handy, das wir Ihnen nach diesen grundsätzlichen Kapiteln konkret vorstellen werden. Doch ein paar Gedanken vorweg: Wie ich eingangs betonte, ist Ihr Smartphone eine mobile Wanze. Als Unternehmer habe ich im Rahmen einer sogenannten Stellhebelanalyse immer die Faktoren mit dem größten Effekt identifiziert: Als besonders wirkungsvoller Hebel hat sich der Ausstieg bei Google und Apple sowie der Wechsel auf Mobilgeräte mit freier Software erwiesen. Damit erreichen wir einen doppelten Effekt:

- Wir schwächen den digital-finanziellen Komplex. Ohne unsere Daten verdienen Google, Apple und Co. weniger Geld, was ihre Fähigkeit einschränkt, uns zu zensieren.
- Wir erhöhen die Repressionskosten: Open-Source-Software ermöglicht uns, unsere Daten besser zu schützen und unsere Kommunikation zu verschlüsseln. Dies macht staatliche Überwachung teurer und schwieriger.

Bitcoin als Alternative

Wie Sie vielleicht wissen, wurde mein Vermögen beschlagnahmt. Meine Bankkonten wurden entweder gekündigt oder gepfändet. Ich lebe nun mit Bargeld und Bitcoin. Kritischen und nicht systemkonformen Menschen und Medien werden zunehmend die Konten gekündigt (sogenanntes De-Banking), um sie handlungsunfähig zu machen. Im schlimmsten Fall werden die Konten beschlagnahmt. Dies ist mir mit Querdenken-711 passiert, neben meinem privaten Vermögen wurden auch alle Konten meiner Firmen beschlagnahmt und diese damit zerstört.

Unternehmertum bedeutet für mich, die Möglichkeit zu haben, meine Kreativität und meine Talente voll zu entfalten. Das bestehende Bankensystem simuliert freies Unternehmertum oft nur, da vielen nicht bewusst ist, wie leicht man von diesem Bankensystem ausgeschlossen werden kann.

Die erwähnten digitalen Zentralbankwährungen einschließlich des digitalen Euro werden kommen, und wir müssen Alternativen dazu vorbereiten. Wer sich nicht verändert und keine Alternativen hat, der *wird* verändert.

Der Bitcoin bietet aus meiner Sicht eine dezentrale Alternative, die ohne Banken auskommt. Bitcoin kann nicht beschlagnahmt werden, wenn man ihn richtig verwendet. Es werden keine Bank und keine Erlaubnis benötigt, ein Konto zu eröffnen. Transaktionen können nicht verboten oder verhindert werden, da sie direkt zwischen den Beteiligten stattfinden und nicht von einer zentralen Instanz kontrolliert werden.

Deshalb habe ich bereits Mitte 2023 beschlossen, nur noch mit Menschen und Unternehmen zusammenzuarbeiten, die ich entweder in bar oder in Bitcoin bezahlen kann. Diese Entscheidung verschafft mir Unabhängigkeit von Banken und ermöglicht es mir, weiterhin meine Ideen umzusetzen. Es ist nicht immer leicht, aber ich bin mit Freude ein Pionier in diesem Bereich.

Auch Bitcoin hat aus meiner Sicht eine doppelte Hebelwirkung:

1. Wir entziehen dem bestehenden Bankensystem unsere Energie.
2. Transaktionen können nicht mehr verhindert oder verboten werden. Damit setzen wir uns aktiv gegen Regierungsmaßnahmen zur Wehr. Die Überwachung erzeugt zusätzliche Repressionskosten.

Deshalb empfehle ich Ihnen an dieser Stelle: Beschäftigen Sie sich mit Bitcoin, auch wenn es nur dazu dient, die Freiheitsbewegung zu unterstützen. Denn die Repressionen gegenüber frei- und querdenkenden Menschen und Organisationen werden zunehmen. Informationen und Anleitungen finden Sie auf der Webseite *www.digitaler-aktivist.de.*

Privatsphäre und Datenschutz – eine »Währung« von hohem Wert

Den *Homo oeconomicus* in Reinkultur dürfte es kaum geben. Denn er würde ausschließlich wirtschaftliche Ziele verfolgen, zum eigenen Vorteil handeln und sich nur durch ein rationales Verhalten, das Streben nach Nutzenmaximierung und die vollständige Kenntnis der wirtschaftlichen Entscheidungsmöglichkeiten auszeichnen. Die meisten Menschen aber lassen in ihr Handeln auch soziale oder sogar altruistische Gesichtspunkte einfließen.

Dennoch spielen ökonomische Maßstäbe in unserem Leben eine große Rolle. Wir setzen unseren Produktionsfaktor »Arbeit« in der Regel so ein, dass wir mit möglichst geringem Aufwand den größtmöglichen Ertrag erzielen, also ein gutes Gehalt oder ein möglichst hohes Honorar. Und die meisten von uns achten darauf, möglichst günstig einzukaufen und bei der Beauftragung von Dienstleistern wie Handwerkern, um es salopp auszudrücken, nicht mit überhöhten Forderungen über den Tisch gezogen zu werden. Wir nehmen gerne Rabatte an und halten nach Sonderangeboten Ausschau. Die Konsequenzen unökonomischen Verhaltens sind uns allen bewusst: Wir geraten in eine fatale Verschuldungsspirale, aus der sich die meisten ohne professionelle Hilfe nicht mehr befreien können, manche sogar nie mehr.

Soweit es unser Geld betrifft, handeln wir also weitgehend nach ökonomischen Prinzipien. Geht es aber um unsere Daten und mithin um unsere Privatsphäre, geraten diese meistens in Vergessenheit. Dabei sind unsere Daten eine wichtige Währung. Große Datenmengen, von Supercomputern und künstlicher Intelligenz ausgewertet, verschaffen dem Besitzer dieser »Währung« ungeahnte Macht, während wir, die Lieferanten dieser Daten, in letzter Konsequenz zu Digitalsklaven werden. Unsere Lebensumstände und Gewohnheiten werden ebenso transparent wie unsere finanziellen Verhältnisse, unsere Erkrankungen, unsere weltanschaulichen und politischen Einstellungen, unsere Konsumgewohnheiten, ja sogar die Art und Weise, wie wir Auto fahren.

Die meisten Menschen posten auf den sozialen Medien und laden sich Apps auf das Smartphone, um Wetterprognosen zu erhalten, Fahrtrouten zu planen, zu erfahren, was ihre Freunde so treiben, oder um mit Menschen zu kommunizieren, deren Sprache sie nicht beherrschen. Die digitalen und mobilen Medienangebote bereichern fraglos unser Leben, und wir können uns gar nicht mehr vorstellen, auf sie zu verzichten. Viele dieser Angebote sind angeblich gratis, weil wir für sie kein Geld bezahlen. Wir bezahlen aber mit einer anderen, sehr wertvollen Währung: mit unseren Daten.

Würden wir eine Umfrage über den Wert machen, den die Menschen auf den Schutz ihrer Daten legen, dürfte das Ergebnis zeigen, dass den meisten Datenschutz und Privatsphäre (auf Englisch *privacy*) im Prinzip sehr wichtig sind. Allerdings handeln sie häufig nicht danach, sondern gehen völlig sorglos mit ihren Daten um. Fachleute sprechen in diesem Zusammenhang vom »Privacy Paradox«: Zwar erklären die meisten, ihnen sei ihre Privatsphäre wichtig, doch in ihrem digitalen Umfeld werfen sie – bildlich gesprochen – ihre Daten auf den Wühltisch. Jeder kann zugreifen: Behörden, Unternehmen, Geheimdienste, Marketingagenturen usw.

Mehr noch: »Niemand besitzt einen vollständigen Überblick darüber, wer heute welche Daten über wen sammelt. Manche Organisationen wie die NSA wissen dramatisch mehr als irgendjemand sonst – aber selbst sie kennen nicht das ganze Spektrum der Algorithmen, mit deren Hilfe Privatunternehmen oder staatliche Stellen an persönliche Daten gelangen, und ebenso wenig das Spektrum der Zwecke, zu denen dies geschieht«, schreibt der IT-Experte Jaron Lanier auf *spektrum.de.*[22]

Doch hier ist die erfreuliche Botschaft: Bewusst mit seinen Daten umzugehen, bedeutet keineswegs, auf all die nützlichen Apps zu verzichten. Das Freiheits-Handy, das im Mittelpunkt dieses Buches steht, gibt Ihnen die Möglichkeit, hilfreiche Apps zu installieren, mit denen Sie Ihre Daten schützen, ohne auf den gewohnten Komfort verzichten zu müssen.

Weshalb Privatsphäre so wichtig ist und wer sie bedroht

Unter Privatsphäre versteht man den Bereich, in dem ein Mensch ohne äußere Einflüsse sein Recht auf Entfaltung seiner Persönlichkeit wahrnimmt. So weit die graue Theorie. Doch was bedeutet dies konkret?

Ohne Privatsphäre gibt es keine persönliche Freiheit und Autonomie mehr. Wenn jeder damit rechnen muss, dass er bespitzelt wird und dass seine Daten gesammelt werden, tritt der »Panoptikum-Effekt« auf. Er geht zurück auf den englischen Sozialphilosophen Jeremy Bentham, der im 18. Jahrhundert den Aufbau eines Gefängnisses beschrieb, in dem ein einziger Wärter ausreicht, um alle Häftlinge in Schach zu halten. Der Wärter kontrolliert von einem Turm in der Mitte des Gefängnishofes (dem Panoptikum) aus das Gebäude. Er kann in jedes Zimmer blicken, ohne dass die Häftlinge dies bemerken. Allein die Tatsache aber, dass sie in jedem Moment beobachtet werden könnten, veranlasst sie, sich regelkonform zu verhalten. Ob der Wärter – wir nennen ihn hier »Big Brother« – gerade einen bestimmten Gefangenen beobachtet, weiß dieser nicht, aber es könnte ja sein. Der französische Philosoph Michel Foucault, Autor des 1975 erschienenen Buches *Überwachen und Strafen: Die Geburt des Gefängnisses*, griff diesen Gedanken auf und vertrat die Auffassung, dass die Idee des Panoptikums in jeder anderen Institution anwendbar sei. Wenn der Staat die Privatsphäre seiner Bürger so weit beschneidet, dass diese ständig damit leben müssen, beobachtet zu werden, werden sie sich weitgehend systemkonform verhalten. Der Panoptikum-Effekt schien Foucault der Schlüssel zur sozialen Kontrolle moderner Gesellschaften zu sein. Nur dann, wenn ein hohes Maß an Privatsphäre vorhanden sei, lasse sich die Gefahr dieses Effekts und das systemkonforme Verhalten in vorauseilendem Gehorsam begrenzen.

Das mittlerweile stillgelegte Presidio Modelo auf der kubanischen Insel Isla de la Juventud

Kommen die abgegriffenen Daten in die falschen Hände (oder werden die Daten ganz bewusst weitergegeben), besteht die Gefahr von Betrug, Erpressung, Identitätsdiebstahl und sogar physischer Bedrohung. In der digitalen Welt kann der Verlust der Privatsphäre auch schwerwiegende wirtschaftliche Folgen haben, da Unternehmen oft auf Kosten der Verbraucher persönliche

Daten nutzen, um damit Profit zu machen. Und schließlich gehört der Erhalt der Privatsphäre unabdingbar zu einer Demokratie. Es muss eine Balance zwischen individueller Freiheit und staatlicher Autorität bestehen. Wird die Privatsphäre eingeschränkt oder ganz abgeschafft, kann der Staat seine Kontrolle über die Bürger leicht verstärken und missbrauchen. Ohne Privatsphäre keine Demokratie.

Dennoch wird die Privatsphäre in der modernen Welt von verschiedenen Seiten bedroht. Mit der rasanten Entwicklung der digitalen Technologie, der allgegenwärtigen Verbreitung und Zentralisierung des Internets und der ständig wachsenden Menge an gespeicherten Daten ist sie heute mehr denn je gefährdet. Beleuchten wir an dieser Stelle die verschiedenen Dimensionen dieser Bedrohung: staatliche Überwachung, kommerzielle Datenerfassung, Cyberkriminalität und die sozialen Auswirkungen der Digitalisierung auf die Privatsphäre.

Die Bedeutung der Privatsphäre

Privatsphäre ist ein fundamentales Menschenrecht, das eng mit der Würde, Autonomie und Freiheit des Individuums verknüpft ist. Sie ermöglicht es den Menschen, ihre persönlichen Informationen, Gedanken und Handlungen vor unberechtigtem Zugriff zu schützen. Privatsphäre ist auch eine Voraussetzung für weitere Grundrechte wie Meinungs- und Versammlungsfreiheit. In einer Welt, in der persönliche Daten ständig gesammelt, analysiert und verbreitet werden, wird die Aufrechterhaltung der Privatsphäre jedoch immer schwieriger.

Staatliche Überwachung

Eine der größten Bedrohungen der Privatsphäre geht von staatlicher Überwachung aus. Die Regierungen auf der ganzen Welt verwenden zunehmend technologische Mittel, um ihre Bürger zu überwachen. Als Vorwand dienen oft die nationale Sicherheit, die Terrorismusbekämpfung oder die Verbrechensprävention.

Überwachungstechnologien

Moderne Überwachungstechnologien wie Kamerasysteme mit Gesichtserkennung, Drohnen, Abhörtechnologien und die Massenüberwachung des Internets ermöglichen es Regierungen, das Verhalten und die Kommunikation von Menschen in beispiellosem Umfang zu verfolgen. In Ländern wie China wird die Bevölkerung durch ein umfassendes Netzwerk von Überwachungskameras und den Einsatz von Gesichtserkennungs-KI rund um die Uhr überwacht. Diese Technologien ermöglichen es, soziale Kontrolle auszuüben und abweichendes Verhalten zu sanktionieren.

Massendatenspeicherung

Viele Regierungen sammeln riesige Mengen an Daten über ihre Bürger, oft ohne deren Wissen oder Zustimmung. Dies kann durch direkte Überwachung oder mittels der Erhebung von Daten durch private Unternehmen geschehen. Die durch Edward Snowden bekannt gewordene Überwachungs- und Spionageaffäre durch die NSA in den USA hat gezeigt, wie weit solche Aktivitäten gehen können. Jene durch die NSA gesammelten Daten umfassten unter anderem Telefongespräche, E-Mails und Internetaktivitäten von Millionen von Menschen weltweit.

Rechtsstaatliche Bedenken

Der Einsatz solcher Überwachungstechniken wirft ernsthafte rechtsstaatliche Fragen auf. In vielen Fällen erfolgt die Überwachung ohne angemessene rechtliche Kontrolle oder transparente Verfahren, was die Gefahr von Machtmissbrauch und Grundrechtsverletzungen erhöht. In einigen Ländern wird Überwachung auch dazu verwendet, politische Gegner zu unterdrücken und die Meinungsfreiheit zu beschneiden.

Kommerzielle Datenerfassung

Neben der staatlichen Überwachung stellt die kommerzielle Datenerfassung eine weitere erhebliche Bedrohung für die Privatsphäre dar. Unternehmen sammeln enorme Mengen an Daten über ihre Kunden, um personalisierte Werbung zu schalten, Produkte zu entwickeln und Markttrends zu analysieren. Diese Praxis hat weitreichende Auswirkungen auf die Privatsphäre der Verbraucher. Erst durch die aktive Zusammenarbeit von Staat und Großunternehmen (»Kooperatismus«) wird der Überwachungsstaat möglich.

Big Data und Datenanalyse

Unternehmen nutzen Big-Data-Technologien, um aus den gesammelten Daten wertvolle Informationen zu gewinnen. Diese Daten stammen aus verschiedenen Quellen wie Onlinekäufen, sozialen

Medien, Suchanfragen, Mobiltelemetrie und mehr. Die Analyse dieser Daten ermöglicht es Unternehmen, detaillierte Profile ihrer Kunden zu erstellen, die deren Vorlieben, Gewohnheiten, soziale Kontakte und sogar Emotionen widerspiegeln. Dies erfolgt häufig im Unwissen und ohne Zustimmung der betroffenen Personen.

Datenschutz und Einwilligung

Ein zentrales Problem bei der kommerziellen Datenerfassung ist der Mangel an Transparenz und Kontrolle für die Verbraucher. Viele Menschen sind sich nicht bewusst, welche Daten über sie gesammelt und wie diese verwendet werden. Oft stimmen sie den Datenschutzrichtlinien von Unternehmen zu, ohne die Konsequenzen vollständig zu verstehen, was als »informierte Einwilligung« bezeichnet wird. Doch in der Realität ist die Einwilligung tendenziell formaler Natur und bietet keine wirkliche Kontrolle darüber, wie die Daten verwendet werden.

Datenmissbrauch und Sicherheitsrisiken

Die Speicherung großer Mengen an personenbezogenen Daten birgt erhebliche Risiken. Datenlecks und Hackerangriffe können dazu führen, dass sensible Informationen in die falschen Hände geraten. Solche Vorfälle haben in der Vergangenheit zu Identitätsdiebstahl, finanziellen Verlusten und anderen Formen des Missbrauchs geführt. Darüber hinaus können Unternehmen mithilfe der gesammelten Daten ihre Kunden ausbeuten oder ihre Entscheidungen manipulieren.

Cyberkriminalität

Die Bedrohung der Privatsphäre durch Cyberkriminalität ist ein weiteres großes Problem. Hacker und andere kriminelle Akteure nutzen Schwachstellen in digitalen Systemen aus, um persönliche Daten zu stehlen, zu erpressen oder zu manipulieren.

Phishing und Social Engineering

Phishing und Social Engineering sind gängige Methoden, mit denen Cyberkriminelle versuchen, an vertrauliche Informationen wie Passwörter oder Kreditkartendaten zu gelangen. Sie nutzen gefälschte E-Mails, Websites oder Anrufe, um ihre Opfer zu täuschen und zur Preisgabe ihrer Daten zu verleiten.

Ransomware

Ransomware (»Erpressersoftware«) stellt eine weitere Bedrohung dar, bei der Cyberkriminelle die Daten eines Opfers verschlüsseln und Lösegeld verlangen, um sie wieder freizugeben. Solche Angriffe können verheerende Auswirkungen auf Einzelpersonen und Unternehmen haben, insbesondere wenn sensible Daten betroffen sind.

Datenlecks und Identitätsdiebstahl

Bei Datenlecks, die häufig vorkommen, gelangen große Mengen an persönlichen Daten durch Sicherheitsverletzungen in die Hände von Kriminellen, die Letztere dann für Identitätsdiebstahl, Betrug und andere illegale Aktivitäten nutzen können. Solche Vorfälle können für die Opfer schwerwiegende Folgen wie finanzielle Verluste und langfristige Rufschädigungen haben.

Soziale Auswirkungen der Digitalisierung

Neben den direkten Bedrohungen durch staatliche Überwachung, kommerzielle Datenerfassung und Cyberkriminalität hat die Digitalisierung auch tiefgreifende soziale Auswirkungen auf die Privatsphäre.

Soziale Medien und Selbstdarstellung
Soziale Medien haben die Art und Weise, wie Menschen miteinander kommunizieren und sich präsentieren, grundlegend verändert. Plattformen wie Facebook, Instagram und X (ehemals Twitter) ermutigen die Nutzer, persönliche Informationen, Fotos und Gedanken mit der Öffentlichkeit zu teilen. Dies führt zu einer freiwilligen Preisgabe von Informationen, die früher als privat betrachtet wurden. Die Grenzen zwischen privatem und öffentlichem Leben verschwimmen, und die Privatsphäre erodiert weiter.

Überwachung durch Dritte
Nicht nur Regierungen und Unternehmen, sondern auch Einzelpersonen können durch soziale Medien und andere digitale Plattformen Informationen über andere sammeln und verbreiten. Dies kann zu neuen Formen der Überwachung durch Freunde, Kollegen oder sogar Fremde führen.

Auswirkungen auf die psychische Gesundheit
Die ständige Präsenz in sozialen Medien und das Gefühl, permanent überwacht oder beurteilt zu werden, können auch negative Auswirkungen auf die psychische Gesundheit haben.

Untersuchungen zeigen, dass dies zu Stress, Angst und Depressionen führen kann.

Stärkere Datenschutzgesetze
Ein wichtiger Schritt zur Wahrung der Privatsphäre ist die Einführung und Durchsetzung strengerer Datenschutzgesetze. So wurde in der Europäischen Union die Datenschutz-Grundverordnung (DSGVO) eingeführt. Leider ist diese nur ein bürokratisches Monster, das die Privatsphäre nicht wirklich schützt. Ähnliche Gesetze gibt es auch in anderen Teilen der Welt, es bleibt aber noch viel zu tun, um den Datenschutz global zu stärken.

Technologische Lösungen
Technologische Lösungen können ebenfalls dazu beitragen, die Privatsphäre zu schützen. Verschlüsselungstechnologien ermöglichen es, Kommunikation und Daten vor unbefugtem Zugriff zu bewahren. Anonymisierungstechniken können dazu dienen, personenbezogene Daten zu schützen, während sie für Analysezwecke genutzt werden. Darüber hinaus können datenschutzfreundliche Softwarelösungen entwickelt werden, die den Nutzern mehr Kontrolle über ihre Daten geben.

Sensibilisierung und Bildung
Ein weiterer wichtiger Aspekt ist die Sensibilisierung und Information der Öffentlichkeit. Viele Menschen sind sich der Risiken für ihre Privatsphäre nicht bewusst oder wissen nicht, wie sie sich schützen können. Durch Aufklärungskampagnen und Bildungsprogramme können Menschen lernen, bewusster mit ihren Daten umzugehen und sich vor Bedrohungen zu schützen.

Internationale Zusammenarbeit
Da viele Bedrohungen der Privatsphäre grenzüberschreitend sind, wäre eine internationale Zusammenarbeit notwendig. Regierungen, Unternehmen und zivilgesellschaftliche Organisationen müssten zusammenarbeiten, um globale Standards für den Datenschutz zu entwickeln und durchzusetzen. Dies könnte auch die Schaffung internationaler Abkommen zur Regulierung der Überwachung und des Datenaustausches umfassen. Die Frage ist freilich, ob es dazu kommt. Denn die symbiotische Zusammenarbeit von Regierungen und Unternehmen ist, wie schon erwähnt, ein Kernproblem und führt zu Kooperatismus. Statt mitzumachen, sollte sich das Individuum zur Wehr setzen.

Übrigens legen nicht nur wir Menschen Wert auf Privatsphäre, sondern viele Tiere haben ein ähnliches Bedürfnis. Forscher fanden zum Beispiel heraus, dass sogar die ansonsten so geselligen Spatzen und andere Vögel sich oft etwas Abstand von ihren Artgenossen wünschen.

Der Weckruf von Edward Snowden

Am Montag, den 3. Juni 2013, betreten ein Mann und eine Frau den Konferenzraum in einem Hongkonger Hotel. Ihr Blick fällt auf einen blassen und etwas nervös wirkenden jungen Mann, der einen Rubik-Zauberwürfel in der Hand hält. Das Paar geht auf ihn zu. Der Mann fragt den jungen Hotelgast: »Entschuldigung, Sir, wann öffnet das Restaurant in diesem Hotel?« Der Gefragte schaut die beiden kurz an und antwortet: »Um 12 Uhr.

Aber gehen Sie nicht in dieses Restaurant, das Essen ist Mist.« Eine scheinbar harmlose Konversation, und doch steht sie am Anfang einer der größten Geheimdienst- und Schnüffler-Skandale der Geschichte. Die beiden angeblich hungrigen Hotelgäste sind Glenn Greenwald, Journalist bei der britischen Tageszeitung *The Guardian*, und Laura Poitras, eine renommierte Dokumentarfilmerin. Und der Mann mit dem Zauberwürfel in der rechten Hand trägt einen Namen, der schon wenig später weltweit Schlagzeilen machen sollte: Edward Snowden. Monatelang standen die drei Personen in engem Kontakt. Doch jetzt geht es zur Sache. Der Zauberwürfel und die Frage nach dem Hotelrestaurant waren der vereinbarte Code. Das Trio begibt sich in das Hotelzimmer 1014, wo Snowden seit Monaten wohnt. Die beiden Besucher nehmen in den beiden Sesseln Platz, Snowden setzt sich aufs Bett und packt aus. Was er zu sagen hat, soll die Menschen rund um den Erdball erschüttern und den Auslandsgeheimdienst der USA ebenso wie viele Regierungen und Großkonzerne in ein denkbar schlechtes Licht rücken. Lange hat Snowden mit sich gerungen, ob er die Bombe platzen lassen sollte. Nun ist er entschlossen, »die größte Schandtat des Digitalzeitalters«, wie er es nennt, aufzudecken, auch wenn ihm klar ist, dass er damit seine Freiheit und vermutlich auch sein Leben aufs Spiel setzt.

Wenig später sollte die ganze Welt die Praktiken des größten US-amerikanischen Auslandsgeheimdienstes NSA kennen. *The Guardian* und *The Washington Post* veröffentlichten nach und nach Snowdens Geheimdokumente und legten das unglaubliche Ausmaß an grundloser Massenüberwachung offen. Vor allem die NSA und der britische Geheimdienst GCHQ (Government

Communications Headquarters, »Regierungskommunikationszentrale«) hatten viele Jahre lang die Kommunikation von Millionen von Menschen erfasst und analysiert, indem sie Glasfaserkabel und Router anzapften oder Schnittstellen in Produkten von Techfirmen einbauten. Allein in den USA waren seit 2001 alle Verbindungsdaten aus Telefongesprächen und dem E-Mail-Verkehr gesammelt worden. Anfangs hoffte Snowden, nach dem Präsidentenwechsel in Washington würde die unglaubliche internationale Schnüffelei zumindest eingeschränkt werden, doch unter Obama wurde alles noch schlimmer. Aus dessen erfolgreichem Wahlkampfslogan »Yes, we can« machten Kritiker »Yes, we scan«.

Doch wer ist dieser Edward Snowden, der nun schon seit vielen Jahren im russischen Exil lebt, weil er bei einer Einreise in die USA mit seiner sofortigen Festnahme und einer langjährigen Haftstrafe rechnen müsste?

Edward Joseph Snowden wurde am 21. Juni 1983 in Elizabeth City, North Carolina, geboren. Seine Familie hatte eine Verbindung zum Militär und zur Regierung, sein Vater arbeitete als Beamter bei der Küstenwache und seine Mutter beim Gericht. Schon früh zeigte Snowden ein starkes Interesse an Computern und Technologie. Nach einer kurzen Tätigkeit bei der CIA wechselte Snowden zu Booz Allen Hamilton, einer Beratungsfirma, die für die NSA arbeitet. Dort hatte er als Systemadministrator Zugang zu geheimen Daten der US-Regierung und der NSA.

Im Mai 2013 begann Snowden, der sich zunehmend über die Ausweitung der Überwachungsbefugnisse der NSA Sorgen machte, geheime Dokumente zu sammeln. Diese Dokumente enthüllten, dass die NSA die Internet- und Telefonkommunikation weltweit überwachte, auch von Bürgern, bei denen kein Verdacht auf kriminelles Verhalten bestand. Besonders umstritten war das Programm PRISM, das den Geheimdiensten direkten Zugang zu den Servern von Technologieunternehmen wie Google, Facebook und Apple ermöglichte.

Nach seinen Enthüllungen floh Snowden zunächst nach Hongkong, um einer Verhaftung in den USA zu entgehen. Er beantragte Asyl in verschiedenen Ländern, landete aber schließlich in Moskau, wo er im Transitbereich des Flughafens Moskau-Scheremetjewo feststeckte, bis die russische Regierung ihm 2013 schließlich Asyl gewährte. In den USA wurde er in Abwesenheit wegen Spionage und Diebstahl von Regierungseigentum angeklagt. Trotz anhaltender Bemühungen der US-Regierung lebt Snowden weiterhin in Russland, wo er inzwischen das dauerhafte Aufenthaltsrecht erhalten hat.

Die ersten Artikel, die auf den von Snowden bereitgestellten Dokumenten basierten, erschienen im Juni 2013. Sie enthüllten das gesamte Ausmaß der Überwachungsprogramme der NSA, darunter das erwähnte PRISM, und machten deutlich, dass die US-Regierung in Zusammenarbeit mit anderen Regierungen, vor allem jener des Vereinigten Königreiches, Kommunikationsdaten von Millionen von Menschen sammelte. Diese Programme überwachten nicht nur mutmaßliche Terroristen oder Kriminelle, sondern auch unbescholtene Bürger, Politiker und Regierungsoberhäupter (darunter auch die damalige Bundeskanzlerin Angela Merkel).

Die Enthüllungen hatten weitreichende Folgen in mehreren Bereichen:

1. **Politische Folgen:**
    - **USA:** Die Enthüllungen führten zu intensiven Debatten über die Grenzen der Überwachung durch Geheimdienste. Obwohl die US-Regierung Snowden als Verräter bezeichnete, führte der öffentliche Druck zu einigen Reformen, insbesondere in Bezug auf das US-amerikanische Bundesgesetz Patriot Act, das 2001 als Reaktion auf die Terroranschläge vom 11. September verabschiedet worden war. Einige Überwachungsprogramme wurden eingeschränkt, darunter die Praxis der massenhaften Sammlung von Telefonmetadaten von US-Bürgern.
    - **Internationale Beziehungen:** Die Enthüllungen führten zu Spannungen zwischen den USA und ihren Verbündeten. Es kam ans Licht, dass die USA die Kommunikation von Staatsoberhäuptern wie der deutschen Bundeskanzlerin Angela Merkel abgehört hatten, was diplomatische Konflikte auslöste.
    - **Flucht Snowdens:** Snowden flüchtete zuerst nach Hongkong und später nach Russland, wo er politisches Asyl erhielt. Sein Aufenthalt in Russland belastete die Beziehungen zwischen den USA und Russland.
2. **Technologische und gesellschaftliche Folgen:**
    - **Erhöhtes Bewusstsein für Datenschutz:** Die Enthüllungen führten weltweit zu einem größeren Bewusstsein für die Gefahren von Massenüberwachung und die Bedeutung von Datenschutz. Viele Menschen wurden vorübergehend sensibler für den

Schutz ihrer digitalen Privatsphäre, doch scheint diese Sensibilität inzwischen wieder abgeklungen zu sein.

- **Verbreitung von Verschlüsselungstechnologien:** Viele Technologieunternehmen reagierten auf die Enthüllungen, indem sie verstärkt Verschlüsselungstechnologien in ihre Produkte einbauten. Plattformen wie Signal führten Ende-zu-Ende-Verschlüsselung ein, um die Kommunikation ihrer Nutzer zu schützen.
- **Vertrauensverlust hinsichtlich Technologieunternehmen:** Die Enthüllungen zeigten, dass einige große Technologieunternehmen wie Google, Microsoft und Apple auf Druck der US-Regierung Zugriff auf Nutzerdaten gewährt hatten. Das hat Mark Zuckerberg, der Gründer und CEO von Meta Platforms (unter anderem Facebook), offen eingeräumt.[23] Solche Gepflogenheiten führen zu einem Verlust des Vertrauens in diese Unternehmen und zu verstärktem Druck, Datenschutzrichtlinien zu verbessern. Ob dies aber zu mehr als kosmetischen Korrekturen führen wird, scheint fraglich.

3. **Rechtliche und juristische Folgen:**
   - **Diskussion über Whistleblower-Schutz:** Die Snowden-Affäre führte zu einer internationalen Debatte über den Schutz von Whistleblowern. Während einige Snowden als Helden feiern, betrachten ihn andere, insbesondere die US-Regierung, als Verräter, da ihm Spionage und Diebstahl von Regierungseigentum

vorgeworfen werden. Die juristische Verfolgung von Snowden in den USA bleibt ein kontroverses Thema.

- **Reformen in der Überwachungsgesetzgebung:** In den USA wurden infolge der Enthüllungen einige Gesetze geändert, um die Macht der Geheimdienste einzugrenzen. Zum Beispiel wurde der umstrittene Abschnitt 215 des Patriot Act durch den USA Freedom Act ersetzt, der die massenhafte Sammlung von Metadaten begrenzt.

4. **Kulturelle und mediale Auswirkungen:**
   - **Dokumentationen und Filme:** Die Snowden-Affäre hat zahlreiche Dokumentarfilme, Bücher und Hollywood-Filme inspiriert, darunter der Film *Citizenfour* von Laura Poitras, der 2015 einen Oscar gewann. Diese Medien trugen zur weiteren Sensibilisierung der Öffentlichkeit bei.
   - **Öffentliche Debatte über Freiheit und Sicherheit:** Die Enthüllungen lösten eine anhaltende Debatte darüber aus, wie Regierungen das Gleichgewicht zwischen nationaler Sicherheit und den Bürgerrechten wahren sollten. Kritiker der Überwachungsprogramme argumentierten, dass diese die Bürgerrechte verletzten und die Demokratie gefährden könnten.
5. **Persönliche Folgen für Snowden:**
   - Snowden lebt seit 2013 im Exil in Russland. Er hat 2020 die russische Staatsbürgerschaft erhalten, um einer möglichen Auslieferung zu entgehen, bleibt jedoch ein hochkontroverser Akteur in der interna-

tionalen Politik und in der Diskussion um Privatsphäre und Whistleblowing.

Insgesamt haben die Enthüllungen von Edward Snowden das Verständnis und die Wahrnehmung staatlicher Überwachung sowie den Schutz der Privatsphäre weltweit nachhaltig verändert.

Weshalb digitale Selbstverantwortung so wichtig ist

Die Privatsphäre ist wie gesagt ein Grundrecht – ein Recht, das uns zwar allen zusteht, das uns aber allmählich genommen wird. Unsere Privatsphäre ist nicht nur in Gefahr, sondern in vielen Bereichen unseres Lebens nicht mehr vorhanden, weil wir sie aus unserer Verantwortung entlassen haben. Viele Kräfte in Politik und Wirtschaft sind daran interessiert, unser Leben, Handeln, ja sogar unser Denken bis in den letzten Winkel auszuleuchten, zu analysieren und entsprechend ihren politischen und wirtschaftlichen Interessen zu lenken. Der gläserne Bürger ist das Ziel des politmedialen Establishments. Auf vielen Ebenen hat man diese Pläne längst umgesetzt, aus Utopien sind reale Albträume geworden, und so stellt sich die Frage: Ist der Schutz unserer Privatsphäre im digitalen Zeitalter überhaupt noch möglich?

Die 1968er-Generation hatte in den 1960er-Jahren den politischen Spruch geprägt: Das Private ist politisch. Für den Bürger darf es also keine privaten Rückzugsgebiete mehr geben – Bereiche, in denen er vor den Zudringlichkeiten und der Kontrolle des Staates verschont bleibt. Nichts darf vor der Obrigkeit verborgen bleiben, weil diese alles gemäß ihren ideologischen Grundsätzen bestimmen und steuern will. Die Handlungen der Bürger werden kontrolliert, überwacht, dokumentiert und mehr oder weniger subtil politisch gesteuert und manipuliert. Eine Trennlinie zwischen Öffentlichem, Politischem und Privatem gibt es nicht mehr. Was in den 1960ern noch eine Utopie war, ist heute weitgehend umgesetzt. Das Private ist nunmehr politisch. Ausnahmslos. Die herrschende Klasse handelt nach der Maxime, dass sie für alles zuständig und verantwortlich ist und dementsprechend alles überwachen und kontrollieren muss. Das ist der Geist, der in vielen Regierungen und nicht zuletzt in der Brüsseler EU-Kommission vorherrscht und der den Bürger längst zum (digitalen) Untertanen degradiert hat. Der Bürger darf weder Geheimisse vor dem Staat haben noch von den Vorgaben des Establishments abweichende Meinungen besitzen.

Der gläserne Bürger

Alle Lebensbereiche wurden politisiert, selbst die alltäglichsten Entscheidungen sind zu einer Angelegenheit des Staates geworden: Was darf ich essen? Darf ich noch mit dem Flugzeug in den

Urlaub fliegen? Darf ich ein Auto mit Verbrennermotor kaufen? Darf ich meinen Sohn zum Mann erziehen? Darf ich bestimmte Medien und Bücher lesen? Darf ich ein Eigenheim bauen? Und so weiter und so fort.

Sport, Ernährung, Fortbewegung, Familienleben, Urlaubsziele, Freundeskreise, politische Ansichten und vieles mehr sind längst keine Privatsache mehr. Was immer wir tun, der Staat achtet darauf, dass wir nicht von dem von ihm vorgegebenen Weg abkommen, dass alles, was wir äußern und tun, im Einklang mit den Glaubenssätzen der woken Ideologie und den angeblich alternativlosen politischen Zielen der Obrigkeit steht.

Seit Einführung des Selbstbestimmungsgesetzes 2024 in Deutschland kann der Staat über Familiengerichte sogar gegen den Willen der Eltern bestimmen, welches Geschlecht ihr Kind hat.[24] Und obwohl wir offiziell in einer Demokratie leben, darf der Bürger nicht mehr alle zur Wahl stehenden Parteien wählen, davor warnen Politik, Medien und NGOs eindringlich.

Was in den 1960er-Jahren noch eine Utopie war, ist mittlerweile Realität geworden. Dies ist darauf zurückzuführen, dass die 1968er einerseits den Staat und die Gesellschaft unterwandert und die Macht übernommen haben und andererseits inzwischen über die technischen Möglichkeiten und Technologien verfügen, um ihre Allmachtsfantasien umzusetzen. Die Digitalisierung, die Ende der 1960er-Jahre begann, ermöglicht es dieser mittlerweile globalisierten Klasse, den Bürger nicht nur umfassend zu überwachen, sondern auch sein Verhalten und Denken gezielt zu beeinflussen. Besonders effektiv und unter Androhung schwerster Sanktionen macht das die Führung in Peking mit ihrem Sozialkreditsystem vor. Die Chinesen haben die Überwachung und Disziplinierung der Massen perfektioniert, im Westen wird ihnen nachgeeifert.

In Europa sind wir diesem System schon sehr nahegekommen. In unseren Breiten geht man nur subtiler vor und versucht den Bürgern noch vorzugaukeln, sie könnten frei entscheiden und hätten eine Privatsphäre. Doch wie in China bleibt auch im »freien Westen« dem Staat kaum noch etwas verborgen. Ob wir uns dessen bewusst sind oder nicht: Unser Leben ist für Behörden, Geheimdienste und Konzerne zu einem offenen Buch und die staatliche und kommerzielle Überwachung beinahe lückenlos geworden. Jeder Mensch hat mittlerweile einen gewaltigen Datenschatten, der mit jedem Tag größer und aussagekräftiger wird. Jeder besitzt eine digitale Identität.

Dass sich Europa in den vergangenen Jahren in ein Gesellschaftssystem verwandelt hat, das dem in George Orwells dystopischem Roman *1984* ähnelt, hat aber nicht nur mit den neuen technischen Möglichkeiten und dem politischen Wandel zu tun, sondern auch mit uns selbst – mit dem Verhalten und der Einstellung jedes einzelnen Bürgers. Es macht einen Unterschied, wie wir persönlich mit diesen Technologien umgehen, wie bewusst wir uns der von ihnen ausgehenden Gefahren sind.

In unserer durchdigitalisierten Welt laufen praktisch unsere gesamten Aktionen und Interaktionen entweder direkt über das Internet, werden digital erfasst oder hinterlassen zumindest indirekt Spuren im Netz, etwa wenn Fotos oder Videos von Firmenfeiern, Demos oder Partys ins Netz gestellt werden, der Arzt seine Diagnose digital dokumentiert oder die Apps auf unserem Smartphone unablässig Standortdaten senden. Ein »analoges« Leben im digitalen Zeitalter, also eines ohne Smartphone, Internet,

E-Banking, Kreditkarte, Uber und *Booking.com*, ist kaum noch möglich beziehungsweise wäre mit einem enormen Verzicht an Lebensqualität verbunden. Es ist auch nicht erstrebenswert, weil man es nur noch als digitaler Außenseiter, der von vielen Lebensbereichen ausgeschlossen bleibt, führen kann. Und darum geht es nicht.

Ohne Privatsphäre keine Freiheit

Auch wer all diese Technologien nutzt, kann seine Privatsphäre wahren und schützen und weitgehend selbst entscheiden, wer welche Daten bekommt, ohne alles preiszugeben. Das ist vor allem eine Frage des Wissens, des Bewusstseins, der Haltung und selbstverständlich des persönlichen Aufwands. Ja, man muss etwas dafür tun, seine Privatsphäre und Anonymität zu wahren.

Seine persönlichen Daten vor dem Zugriff Dritter zu schützen, ist mit Zeit und Recherche verbunden. Und es gelingt auch nicht zu 100 Prozent, keine Spuren - sprich: Daten - zu hinterlassen. Trotzdem sollte man es den staatlichen und kommerziellen Datensammlern, Blockwarten, Konzernen und Kriminellen so schwer wie möglich machen. Allein die Tatsache, dass Sie diese Zeilen lesen, zeigt, dass Sie sich dieser Problematik bewusst sind und sich mit ihr auseinandersetzen. Die meisten Bürger sind noch nicht so weit, sie haben keinerlei Sensorium und Bewusstsein dafür entwickelt.

In diesem Kapitel wollen wir Ihnen vor Augen führen, warum es wichtig ist, seine Privatsphäre zu schützen, und es - auch wenn es paradox klingen mag – keine Privatsache ist, dies zu tun. Denn ohne Privatsphäre gibt es keine Freiheit, ohne Freiheit keine Demokratie. Überwachung endet immer in autoritären beziehungsweise totalitären Systemen. Jeder, der Sie überwachen und ausspionieren will, möchte Sie auch beeinflussen, disziplinieren und beherrschen.

Seine Privatsphäre zu schützen, bedeutet also auch, sich für eine freie Gesellschaft zu engagieren, ganz konkret für Demokratie, Bürgerrechte und gegen die immer stärker zutage tretenden autoritären und polizeistaatlichen Tendenzen zu kämpfen. Diese nehmen aktuell in erschreckendem Ausmaß zu, weil die Politik auf den von ihr selbst verursachten Vertrauensverlust der Bürger hinsichtlich des Staates mit immer exzessiveren Kontroll- und Überwachungsmaßnahmen reagiert. Wir brauchen uns nur an die repressiven Maßnahmen in den Coronajahren zu erinnern. Zwar halten die Politiker in ihren Sonntagsreden Demokratie und Meinungsfreiheit hoch, versehen unsere Rechte als Bürger aber immer öfter mit einem großen und über allem stehenden ABER.

Sicher haben Sie von der globalistischen Agenda des Weltwirtschaftsforums (WEF) rund um Klaus Schwab gehört und gelesen. Was unter dem scheinbar harmlosen Titel »The Great Reset«[25] (»Der große Neustart«) daherkommt, zeigt auf, wohin die Reise geht: in noch mehr Überwachung und noch mehr Verbote. Die restriktiven Coronamaßnahmen waren in diesem Zusammenhang nur eine Art Generalprobe. Sätze wie »Sie werden nichts besitzen und glücklich sein« (»You'll own nothing, and you'll be happy«)[26] werfen ein bezeichnendes Schlaglicht auf die gesamte Agenda dieser großkapitalistischen Eliten.

Der Bürger als Feind

Beim Festakt zum 75. Jahrestag des Verfassungskonvents im Neuen Schloss Herrenchiemsee hielt der bayerische Ministerpräsident Markus Söder im August 2023 eine in vielerlei Hinsicht bemerkenswerte Rede, in der er »zum Kampf gegen Feinde der Freiheit« aufforderte.[27] Söder nutzt damit ein Zitat von Carl Schmitt, einem »Kronjuristen des Dritten Reiches«.[28]

Nach einer Kabinettsitzung, in der es um Hate Speech ging, hatte Söder bereits 2 Jahre zuvor auf die Rolle von Telegram in diesem Kampf hingewiesen. »Das Problem sei, dass Telegram kaum strafbare Inhalte lösche, und es keine effektive Zusammenarbeit mit den Strafverfolgungsbehörden gebe. ›Dies schwächt den gesamten Kampf gegen Hass und Hetze.‹« Man müsse mit Telegram verhandeln. Sollte dies zu keinem Ergebnis führen, wären Maßnahmen wie Bußgelder und das Blockieren der User angesagt. »Ansonsten werden wir dieser Herausforderung, die 100 000-fach stattfindet, nicht mehr Herr.« Und »als letzte Maßnahme müsse Telegram aus den Verkaufskanälen verbannt werden«.[29]

Innenministerin Nancy Faeser (SPD) wiederum sagte bei der Vorstellung ihrer Strategie »Gemeinsam für Demokratie und gegen Extremismus«: »Wir sind eine starke Demokratie. Aber unsere Demokratie ist auch unter Druck [...]. Diejenigen, die in unserer Gesellschaft Wut und Hass säen, sind lauter geworden. Der Hass im Netz ist weiter explodiert. Putins Regime versucht, dies durch Lügen, Propaganda und Einflussnahme noch zu verstärken. Das alles sind Bedrohungen, denen wir uns als Rechtsstaat und Demokratie sehr deutlich entgegenstellen.«[30]

Solche Aussagen dienen dazu, die Bürger einzuschüchtern. Sie sollen in der ständigen Angst leben, dass Kritik an der Regierung oder der aktuellen Politik geahndet wird, weil sie etwas Unmoralisches und Strafbares ist – etwas, das einem selbst schaden könnte. Diese Drohkulisse ist aber nur glaubwürdig und wirksam, wenn der Bürger auch entsprechend überwacht wird. Bei einer repräsentativen Allensbach-Umfrage im Jahr 2023 gaben 44 Prozent der Deutschen an, man müsse vorsichtig sein, wenn man seine Meinung sage. »Noch nie gab es in der Bundesrepublik so große Bedenken, die politische Meinung frei zu artikulieren. Nur Anhänger der Grünen sind noch von der Meinungsfreiheit überzeugt«[31], kommentiert die *Zeit*.

Die Ängste sind berechtigt, denn unter dem Vorwand, gegen Hass, Hetze und Fake News vorgehen zu müssen, werden der Schutz der Privatsphäre und die Meinungsfreiheit immer weiter eingeschränkt. Dabei sind Begriffe wie Hass so schwammig definiert, dass quasi alles darunter subsumiert werden kann, was nicht dem woken politischen Zeitgeist entspricht.

In einem Rechtsstaat muss der Bürger klar erkennen können, was strafbar ist und was nicht, schwammige Formulierungen haben in Gesetzen nichts verloren. Der renommierte Medienanwalt Joachim Steinhöfel schreibt in seinem Buch *Die digitale Bevormundung*: »Wenn jemand von ›Hass‹ und ›Hetze‹ spricht, plappert er entweder ohne nachzudenken nach, was alle plappern. Oder er will die Meinungsfreiheit einschränken und politisch unerwünschte Kritik kriminalisieren. Diese Kritik ist aber durch die Verfassung ausdrücklich erwünscht. Weil sie überlebenswichtig ist für unsere Demokratie. Meint der, der von ›Hass‹ und ›Hetze‹ spricht, auch Äußerungen, die von der Meinungsfreiheit gedeckt sind? Dann steht jemand vor Ihnen, der Ihr Grundrecht einschränken, der Ihnen den Mund verbieten will.«[32]

Die mit Demokratie- und Toleranzpreisen überhäufte ZDF-Journalistin Dunja Hayali hat diese autoritäre Strategie in ihren einfachen Worten unabsichtlich auf den Punkt gebracht: »Man kann in Deutschland eigentlich alles sagen. Man muss dann halt manchmal mit Konsequenzen rechnen. Das ist das Einzige, was der eine oder andere manchmal nicht ganz versteht.«[33]

Was Hayali damit meint, hat Idi Amin, der ehemalige Diktator Ugandas, präziser ausgedrückt. Ihm wird folgendes Zitat zugeschrieben: »There is freedom of speech, but I cannot guarantee freedom after speech.«[34] Auch in der DDR konnte, wie Erich Mielke, Minister für Staatssicherheit, betonte, jeder sagen, was er wollte: »Natürlich hat jeder das Recht, anders zu denken als die Mehrheit und begründete Kritik zu geben. Aber wenn er die Hand gegen uns erhebt, dann muss er auch mit der entsprechenden Antwort rechnen.«[35]

Während Mielke die Bürger noch mit Stasispitzeln und inoffiziellen Mitarbeitern (IM) mühsam ausspionieren musste, stehen Nancy Faeser heute völlig neue Instrumente und Möglichkeiten zur Verfügung. Und damit ihr auch wirklich nichts entgeht, will sie – ganz auf Linie mit den anderen Regierungen des »freien« Westens – die letzten digitalen Freiräume schließen. So drohte sie während der Coronapandemie, den Messengerdienst Telegram abzuschalten,[36] und nur 2 Jahre später hat Frankreich den Telegram-Gründer Pawel Durow unter fadenscheinigen Gründen festgenommen.

Dass Telegram ins Visier der herrschenden Klasse geraten ist, liegt einzig und allein daran, dass über diesen Kanal die Menschen weltweit ohne Zensur, die man im Orwell-Sprech als Moderation bezeichnet, kommunizieren und ungefilterte Informationen austauschen können. Denn Telegram gibt im Gegensatz zu den großen US-IT-Konzernen nicht auf Zuruf von Behörden und Regierungen die persönlichen Daten seiner Nutzer preis oder zensiert nicht konforme Meinungen. Deshalb ist auch der Eigentümer von X, US-Milliardär Elon Musk, ins Fadenkreuz der EU-Meinungswächter geraten. Auch er weigert sich im Gegensatz etwa zu Facebook, seinen Kommunikationsdienst entsprechend der politischen Vorgaben zu zensieren. EU-Kommissar Thierry Breton, der mächtigste Mann in der EU, führt einen regelrechten Krieg gegen Musk und X. In postdemokratischen und totalitären Systemen wird der Einsatz für Meinungsfreiheit und Privatsphäre zum Verbrechen. Ob in Frankreich, Deutschland oder den USA – derzeit gehen alle politischen Entwicklungen und Bestrebungen in eine Richtung: mehr Überwachung, mehr Kontrolle, weniger Privatsphäre, weniger Bürgerrechte und weniger Freiheit.

Die Vorwände, unter denen uns unsere Privatsphäre geraubt wird, nehmen die unterschiedlichsten Formen an. Da mir das in diesem Kontext wichtig erscheint, fasse ich an dieser Stelle die bereits geplanten oder bereits umgesetzten politischen Projekte noch einmal knapp zusammen:

- die Einführung des **digitalen Euro** beziehungsweise anderer digitaler Zentralbankwährungen und die damit einhergehende Abschaffung des Bargeldes;
- das **Demokratiefördergesetz** von Nancy Faeser, das mehr Gelder und Befugnisse im Kampf gegen kritische Bürger allgemein einräumen will;

- der **Digital Services Act (DSA)**, der der EU weitreichende Macht über die auf digitalen Plattformen und Informationskanälen verbreiteten Inhalte einräumt;
- die von der EU geplante sogenannte **Chatkontrolle**, die die Behörden dazu ermächtigen soll, anlasslos private Kommunikation zu durchsuchen. Wird sie umgesetzt, wäre dies das Ende des »Briefgeheimnisses« im Internet.
- die **digitale Brieftasche**, die allen EU-Bürgern in Zukunft zur Verfügung stehen muss. Ob Führerschein, Geburtsurkunde, Bezahlkarten oder Zeugnisse: All das kann man mit ihr auf dem Smartphone mitnehmen und jederzeit vorzeigen. Anfänglich wohl als Kann-, später als Muss-Vorschrift.
- das **zentrale Vermögensregister**, das die Besitzverhältnisse aller EU-Bürger erfassen soll bis hin zu Gold, Schmuck, Kunstgegenständen, Münzen etc.;
- der **AI Act**[37], das Anfang 2024 beschlossene EU-Regelwerk zum Umgang mit künstlicher Intelligenz. Hierin sind hochbrisante Ausnahmeregelungen eingebaut worden, die in Wahrheit die zentralen Punkte dieser Verordnung sind. Dazu gehört, dass die biometrische Erfassung im Zusammenhang mit Straftaten ausdrücklich erlaubt ist. So wird der Gesichtserkennung im öffentlichen Raum, wie sie in China mit Millionen von Kameras praktiziert wird, auch bei uns Tür und Tor geöffnet.

Die Liste ließe sich lange fortsetzen, doch die hier angeführten Punkte zeigen zur Genüge, dass alles, was in Brüssel oder Berlin ausgebrütet wird, auf den Abbau unserer Freiheitsrechte, das heißt mehr Kontrolle, Überwachung und die totale Zerstörung unserer Privatsphäre, abzielt.

Selbstredend haben die politisch Verantwortlichen für jede weitere Einschränkung, für jede weitere Kontroll- und Überwachungsmaßnahme immer »gute« Gründe. Mit dem elektronischen Impfpass wurde vordergründig versucht, die Coronapandemie einzudämmen. Der Digital Services Act soll uns vor russischer Propaganda und Desinformation schützen. Der digitale Euro soll das Bezahlen bequemer und dem organisierten Verbrechen sowie Terroristen das Leben schwer machen. Mit der Chatkontrolle sollen Kinderschändernetzwerke aufgedeckt werden etc. Es sind stets ehrhafte Motive, mit denen man uns die Privatsphäre und unsere Freiheit stehlen will. Und zumeist dienen Fehlentwicklungen und Probleme, für die das politische Establishment selbst verantwortlich ist, als Vorwand, um unsere Rechte einzuschränken und in unsere Privatsphäre einzudringen zu können.

All diese Maßnahmen richten sich in erster Linie nicht gegen Kriminelle, sondern gegen den normalen Bürger, der längst zum digitalen und gläsernen Untertan degradiert worden ist. Der Bürger ist zur Bedrohung für die Demokratie – sprich: die bestehenden Machtverhältnisse – geworden und wird vom Establishment auf sein Gefahrenpotenzial reduziert. So wurde er während der Coronapandemie zum Krankheitsüberträger, Telegram-Nutzer sind potenzielle Reichsbürger und Kinderschänder und Bargeldzahler grundsätzlich verdächtig, Steuern zu hinterziehen.

Zwischen der Obrigkeit und den Bürgern findet eine beiderseitige Entfremdung statt, und mit ihr wächst auch das beiderseitige

Misstrauen, auf das das Establishment mit immer engmaschigeren Überwachungs- und Zwangsmaßnahmen reagiert. Daraus entsteht ein Teufelskreis, der uns direkt in einen autoritären Überwachungsstaat führt.

Jeder noch so brave Staatsbürger wird als potenzieller Feind und Gefährder gesehen. Es reichte, die ehemalige Chefin der Grünen, Ricarda Lang, im Internet als »dick« zu bezeichnen, um vom Bundeskriminalamt verfolgt zu werden. So versucht das BKA etwa, an die Daten eines Nutzers des US-amerikanischen Netzwerks Gab zu gelangen, weil dieser Lang als dick bezeichnet und dazu ein Pornobild einer übergewichtigen Frau gepostet hatte.[38] Das ist vielleicht geschmacklos, aber genügt dies, um im freien Westen von den Behörden wegen »Hass« verfolgt zu werden?

Freilich kommt es darauf an, an welchen Richter man gerät. Wegen zweier Anti-Grünen-Banner (unter anderem mit dem Motto »Wir machen alles platt« mit Ex-Grünen-Chefin Ricarda Lang als Dampfwalze) sollte ein bayerischer Unternehmer laut Forderung der Staatsanwaltschaft 6000 Euro Strafe wegen Beleidigung zahlen. Der Unternehmer zog vor Gericht – und obsiegte. Das Amtsgericht im oberbayerischen Miesbach sprach ihn im Frühjahr 2023 frei.[39]

Konzerne als Datenkraken

Die Überwachung geht aber weit über das Politische hinaus. Nicht nur Behörden, Regierungen und Geheimdienste sind eifrige Datensammler, -nutzer und -analysten, auch die Wirtschaft will nur unsere Daten – Informationen über unser Konsumverhalten, unsere politische Einstellung, unsere sexuellen Vorlieben, Freizeitbeschäftigungen, Vermögensverhältnisse sowie unseren Bekanntenkreis und Gesundheitszustand.

Die meisten von uns sind nur allzu gerne bereit, ihnen diese Informationen frei Haus zu liefern. Zumal uns Überwachung weder von der Politik noch von den Konzernen als etwas Unangenehmes oder Gefährliches vermittelt wird, sondern als etwas, das uns in Form von mehr Sicherheit, Bequemlichkeit und kostenlosen Services zugutekommt.

Wer sich überwachen lässt, wird belohnt. Überwachung und die Preisgabe unserer Privatsphäre wird den Usern oft mit »kostenlosen« Services und Dienstleistungen schmackhaft gemacht. Zwar wird man nicht dazu gezwungen, einen Datenstriptease vor Google oder Meta hinzulegen, doch die meisten tun es trotzdem.

Wie oft haben Sie schon auf den kleinen Zustimmungs-Button geklickt, um die gerade heruntergeladene App nutzen zu können? Wie oft haben Sie der Weitergabe Ihrer Daten zugestimmt, um einen Onlineartikel gratis lesen zu können? Wie vielen Anwendungen haben Sie erlaubt, auf Ihre Handykamera, Ihre Fotodateien oder Adressverzeichnisse zuzugreifen? Und wer liest die zumeist seitenlangen und in unverständlichem Juristendeutsch geschriebenen allgemeinen Geschäftsbedingungen (AGBs)? Kaum jemand. Wir tun Dinge im digitalen Raum, die wir im realen Leben aus Vorsicht, Scham und Sicherheitsgründen niemals tun würden. Im »analogen« Leben gehen wir sehr sorgsam mit Informationen über unser Leben um.

Niemand würde seiner Krankenkasse freiwillig melden, was er täglich an Lebensmitteln einkauft, und niemand würde vertrauliche Daten auf der Rückseite einer Postkarte versenden. Im Netz verhalten wir uns weit weniger umsichtig.

Wer in den Genuss von praktischen und oftmals kostenlosen Dienstleistungen kommen will, der stimmt der Sammlung und Weitergabe vieler seiner persönlichen Daten einfach zu. Was soll schon passieren? Zumal die Services von WhatsApp, Google Maps, Facebook und Uber ja wirklich praktisch sind.

Dabei braucht man sich nur die Frage zu stellen, warum die Anbieter vieler solcher Services zu den weltweit größten und reichsten Konzernen zählen, obwohl viele ihrer Dienstleistungen gratis sind. Die Frage ist leicht zu beantworten: Weil jene, die Facebook, Gmail oder YouTube nutzen, nicht die Kunden dieser Anbieter, sondern deren Produkte sind! Das Geschäftsmodell dieser Konzerne zielt nicht darauf ab, Content zu produzieren oder teure Dienstleistungen anzubieten, sondern ihre User beziehungsweise deren digitale Identitäten zu verkaufen.

Die Nutzer solcher Dienste sind - verzeihen Sie diesen Vergleich - wie Kühe, die gemolken werden. Nur geben sie keine Milch, sondern persönliche Daten, Informationen, Verhaltensmuster, Bewegungsprofile, Einstellungen etc. preis. Das ist die neue Währung beziehungsweise der Rohstoff im digitalen Informationszeitalter.

Das klingt nicht nett, ist es auch nicht, aber diese Services dienen als Köder, damit wir unsere persönlichen Daten, Bewegungsprofile, Meinungen und unser Konsumverhalten zahlenden Kunden zur Verfügung stellen. Und damit lässt sich, wie die

Umsätze und Gewinne der IT-Konzerne zeigen, sehr viel Geld verdienen. Das Sammeln und Verwerten von Daten ist das Kerngeschäft dieser Konzerne, es ist ihre DNA.

Diese Unternehmen sammeln aber nicht nur Daten, sondern geben sie auch weiter – an unzählige andere Firmen, Dienstleister oder auch an staatliche Stellen. Es scheint auf den ersten Blick, als seien sich viele Bürger, Aktivisten und Vereine in Deutschland dessen bewusst. Denn im internationalen Vergleich legen sie laut Umfragen großen Wert auf den Schutz ihrer Privatsphäre und betrachten neue Technologien besonders kritisch, ja bekämpfen sie oft sogar. So hat der Google-Konzern in Europa und speziell in Deutschland besonders viele und laute Kritiker. Interessanterweise hat Google aber hierzulande mit 85 Prozent bei der Desktop- und 97 Prozent in der mobilen Suche seinen höchsten Marktanteil weltweit[40], obwohl zahlreiche alternative Suchmaschinen zur Verfügung stehen, die im Gegensatz zu Chrome die Privatsphäre der Nutzer tatsächlich achten. Es gibt also einen gewaltigen Unterschied zwischen Theorie und Praxis, zwischen Selbstwahrnehmung und tatsächlichem Handeln. In der Regel liegt der mangelnde Schutz der eigenen Privatsphäre schlicht an der Bequemlichkeit.

Die digitale Überwachung macht die Menschen zu Hüllen ihrer selbst, zu Subjekten, die ihre eigenen Gedanken, Verhaltensweisen und Äußerungen selbst in privaten Interaktionen zensieren. Wie bereits erwähnt, ist nahezu die Hälfte der Deutschen der Überzeugung, man müsse vorsichtig sein bei dem, was man sagt. Und von den anderen 50 Prozent haben viele nur deshalb keine Angst, weil sie ohnehin die von oben vorgegebene Meinung wiederkäuen.

Die Digitalisierung und die Möglichkeiten, die sich durch den Einsatz der künstlichen Intelligenz ergeben, haben unsere Gesellschaft und unser Leben grundlegend verändert, zumal alle unsere Aktionen und Interaktionen in irgendeiner Weise erfasst und gespeichert werden können.

Es gibt keine flüchtigen Begegnungen mehr, alles wird – auch von uns selbst – dokumentiert und für die Ewigkeit archiviert. Kein Satz, keine durchgezechte Partynacht, keine Jugendsünde, keine Affäre wird mehr vergessen, sondern all dies ist für alle Zeiten in den unendlichen Weiten des Netzes gespeichert und kann deshalb auch jederzeit gegen uns eingesetzt werden. Das führt dazu, dass wir uns immer vorsichtiger und defensiver verhalten. In einer digitalen und vernetzten Welt, in der jede Handlung und Äußerung erfasst wird, gibt es einen subtilen Drang zur Konformität, und am sichersten ist es, der Herde zu folgen. Anstatt sich spontan und kritisch zu äußern, neigen wir dazu, alles abzuwägen, so zu sprechen und zu handeln, dass es in unser digitales Profil passt.

Für viele, vor allem junge Menschen ist das digitale Ego, die Inszenierung des digitalen Selbst, wichtiger als das reale Leben geworden. Sie unternehmen das meiste in der analogen Welt wie Reisen, Essen, Feiern und Einkaufen in erster Linie, um es für ihr digitales Universum aufzubereiten. Beispielsweise fotografieren sie ihre Mahlzeiten und besuchen Sehenswürdigkeiten, um sie als Selfie-Hintergrund zu nutzen. Sie sind freiwillig zum digitalen Exhibitionisten und damit zum gläsernen Bürger geworden.

Aber auch jene, die Wert auf ihre Privatsphäre legen und sich diesen Entwicklungen entziehen wollen, haben – ob sie sich dessen bewusst sind oder nicht – verinnerlicht, dass unser digitales Selbst in gewisser Weise wichtiger als unser reales Selbst ist. Es ist also in unserem ureigensten Interesse, sich von dieser Überwachung und Kontrolle zu befreien. Und dies hat nichts damit zu tun, dass wir etwas Kriminelles oder Verbotenes tun würden oder wollen, wie es Menschen, die sich weder von staatlichen Stellen noch Konzernen überwachen lassen möchten, gerne unterstellt wird.

Die meisten Menschen vertrauen darauf, dass sich Regierungen, Konzerne, Unternehmen, Behörden und staatliche Institutionen so korrekt und regelkonform verhalten wie man selbst, also die Gesetze und die allgemeinen Geschäftsbedingungen einhalten und demgemäß sorgsam und vertrauenswürdig mit den ihnen anvertrauten Daten umgehen. Doch das ist in mehrfacher Hinsicht naiv, denn wer Daten sammelt, will sie auch auf die eine oder andere Art nutzen und verwerten. Daten von sich preiszugeben in dem Glauben, dass diese gesetzes- und regelkonform gespeichert und ausgewertet und nicht für andere Zwecke genutzt werden, ist realitätsfremd. Die Verlockung ist viel zu groß, die vielen Daten, die permanent von zahlreichen Akteuren gesammelt werden, auch miteinander zu verknüpfen. Schließlich sind die Möglichkeiten, die sich daraus ergeben, nahezu unbegrenzt.

Selbst wenn in westlichen Staaten die Verfassungen die Grundrechte der Bürger auf dem Papier schützen und bei uns noch keine chinesischen Verhältnisse herrschen, gibt es keine Garantie dafür, dass mit unseren Daten tatsächlich gesetzeskonform umgegangen wird. Auch wenn das jetzt in vielen Fällen so sein sollte, kann sich niemand darauf verlassen, dass dies auch in einem Jahr noch so ist. Es gibt keine Garantie, dass unsere bürgerlichen Freiheiten und unsere Demokratie in 3, 5 oder 10 Jahren noch existieren und dass eine abweichende politische Einstellung in Zukunft nicht strafbar sein wird. Wir leben in turbulenten Zeiten, in denen sich Politik, Technologie, Wirtschaft und Kultur permanent ändern und Politiker, Parteien und Regierungen kommen und gehen. Auch Gesetze werden geändert, die Bürger- und Freiheitsrechte sind nicht in Stein gemeißelt. Was heute noch normal und selbstverständlich ist, kann morgen schon verboten sein.

Das große Problem ist, dass unsere Daten inmitten dieses ständigen Wandels für immer gespeichert sind. Und so wird in einer derart wenig verlässlichen Welt die Datenbeständigkeit zu einer echten Bedrohung. Ihre Daten könnten in Zukunft von jeder Regierung und jeder Organisation aus jedem beliebigen Grund gegen Sie verwendet werden. Das Netz vergisst nichts. Wer an Ihre auf vielen Servern rund um den Globus gespeicherten Daten kommen möchte, schafft dies in der Regel auch, egal ob Kriminelle, Hacker, Geheimdienste oder Behörden.

Es ist in jedem Fall von Vorteil, möglichst wenige Daten im Internet zu hinterlassen, seinen Datenschatten klein zu halten und so weit als möglich selbst zu bestimmen, welche Daten man preisgibt und welche nicht. Denn es existiert keine Trennung mehr zwischen analoger und digitaler Welt. Was im Netz geschieht, hat immer auch Auswirkungen auf unser alltägliches Leben und umgekehrt. Ein konkretes Beispiel dafür ist die frei zugängliche Gesichtserkennungssoftware PimEyes, mit der man rasch die Identität von Personen feststellen kann. Die *Neue Zürcher Zeitung* hat das 2022 mit einem in Zeitungen veröffentlichten, also allgemein zugänglichen Pressefoto von einer Klimademo in Zürich, auf dem Dutzende Menschen zu sehen sind, getestet. Sie konnte ohne jeden Aufwand viele dieser Personen schnell identifizieren. Folglich kann jeder, der Sie fotografiert oder filmt, Ihre Identität per Knopfduck feststellen. Diese Software wird auch gerne verwendet, um in der Vergangenheit eines neuen Partners zu wühlen.

Gefahren für die Privatsphäre lauern überall, und das Leben von immer mehr Menschen ist für alle anderen ein offenes Buch. Dafür sorgt vor allem das Smartphone.

Das Smartphone und die Anonymität

Jedes Smarthone und jedes Mobilfunkgerät erzeugt beim Mobilfunkbetreiber Standortdaten, also Informationen über den aktuellen Standort des Gerätes zu einer gegebenen Uhrzeit. Da es sich dabei um vermeintlich anonyme Daten handelt, können sie auch von Datenhändlern gekauft und weiterverbreitet werden. Und das passiert im großen Stil.

Sie sind aber nur auf den ersten Blick anonym, denn jeder kann solche anonymisierten Daten mit überschaubarem Aufwand und ohne tiefergehende Kenntnisse einzelnen Personen zuordnen. Um eine Person mit 95-prozentiger Sicherheit zu identifizieren, genügen laut einer Studie der belgischen Universität Löwen vier einzelne Zeit-Ort-Datenpunkte, da die Bewegungsprofile in den allermeisten Fällen eindeutig sind: Wohnadresse, Arbeitsplatz, Schule, Verein, Kneipe etc. Und dementsprechende Signale senden unsere Handys unablässig.

Das öffentlich-rechtliche Schweizer Radio und Fernsehen (SRF) hat 2024 ein Experiment durchgeführt und zu diesem Zweck angeblich anonyme Daten von einem Datenhändler erworben.[41] Die Journalisten konnten sie ohne Probleme dem Mitarbeiter eines Atomkraftwerkes, einem Militär, der als IT-Spezialist auch für Geheimdienste arbeitet, sowie einer Hausfrau zuordnen und umfangreiche Informationen über deren Alltag, Freundeskreis und Berufsumfeld sammeln. Sie brauchten weder eine besondere Software noch Fachkenntnisse, sondern lediglich drei Bewegungsprofile, um zu demonstrieren, wie einfach es ist, an sensible und zum Teil sicherheitsrelevante Daten zu kommen und sie konkreten Personen zuzuordnen.

An die dafür nötigen Daten kann praktisch jeder kommen. Sie werden unter anderem von Werbefirmen, Konzernen, Kriminellen, Parteien, Geheimdiensten und zum Social Engineering verwendet. Unter Social Engineering versteht man zwischenmenschliche Beeinflussungen mit dem Ziel, bei bestimmten Personen bestimmte Verhaltensweisen hervorzurufen. Im Fall von Kriminellen oder auch Geheimdiensten ist das vor allem die Preisgabe von vertraulichen Informationen und Finanzmitteln, der Kauf eines Produkts sowie das Öffnen eines mit Viren verseuchten Anhanges oder Links.

Je mehr die dahinterstehenden Akteure wissen, desto besser können sie andere Personen beeinflussen. Das deutsche Bundesamt für Sicherheit in der Informationstechnik rät Nutzern, folgende Grundregeln zu beachten:

- Gehen Sie verantwortungsvoll mit sozialen Netzwerken um. Überlegen Sie genau, welche persönlichen

Informationen Sie dort offenlegen, da diese von Kriminellen gesammelt und für Täuschungsversuche missbraucht werden können.

- Geben Sie in privaten und beruflichen sozialen Netzwerken keine vertraulichen Informationen über Ihren Arbeitgeber und Ihre Arbeit preis.
- Teilen Sie Passwörter, Zugangsdaten oder Kontoinformationen niemals per Telefon oder E-Mail mit.
- Lassen Sie bei E-Mails von unbekannten Absendern besondere Vorsicht walten.

Es müssen nicht gleich Kriminelle sein, die es auf Ihr Geld oder Ihre Identität abgesehen haben, auch andere Akteure im staatlichen oder kommerziellen Bereich sind scharf auf Ihre Daten. Die Zahl der Unternehmen, die aufgrund unseres Nutzungsverhaltens über unsere Bewegungsprofile verfügen, wird immer größer. Google weiß nicht nur, wo Sie etwas einkaufen, sondern auch, welches Produkt Sie als Nächstes kaufen werden. Im Grunde kann jeder, der das will, in Erfahrung bringen, was wir den ganzen Tag lang machen. Mit dem Smartphone tragen wir schließlich rund um die Uhr ein Überwachungsgerät mit Mikrofon, Kamera, Ortungssystemen und anderen Sensoren in unserer Hosen- oder Handtasche mit uns herum. Und Geheimdienste und Kriminelle können mit Spyware wie etwa Pegasus die komplette Kontrolle über ein Handy übernehmen.

Im Juli brachte der *Spiegel* einen Beitrag mit dem Titel: »Datenhändler bieten im Internet Standortdaten von Millionen Handys an. Auf Onlinemarktplätzen werden Positionsdaten von Millionen Smartphones in Deutschland gehandelt. Auch Besuche in

Suchtkliniken oder Bordellen sind dabei erkennbar.«[42] Er bezieht sich auf die Recherche von *netzpolitik.org* und dem Bayerischen Rundfunk, die ähnlich wie das SRF von dem Datenbroker-Unternehmen Datastream Group aus Florida Daten kauften. Auch in diesem Fall konnten aufgrund der Bewegungsprofile Geheimdienstmitarbeiter identifiziert werden.[43] Solche Standortdaten stammen aus unterschiedlichen Handy-Apps, die GPS-Daten unter anderem für Werbezwecke weitergeben. Üblicherweise müssen Nutzer dafür einmal in die Datenschutzbestimmungen der App einwilligen. Und das tun, wie bereits erwähnt, die meisten von uns, ohne darüber nachzudenken.

Laut Schätzungen greifen rund ein Drittel der 25 Milliarden Apps, die auf Apple-Geräten installiert sind, auf die Positionsdaten ihrer Nutzer zu. Das Smartphone ist der Spion in der Hosentasche, unter anderem auch deshalb, weil es kaum noch Menschen gibt, die ohne ihr Smartphone das Haus verlassen. Es ist zu unserem ständigen Begleiter geworden, zu dem, wovon die Transhumanisten schon lange träumen: zu einem Teil unseres Körpers, mit dem wir überwacht, kontrolliert und gesteuert werden können.

Noch mehr Daten

Mit dem »Internet der Dinge«, dem Internet of Things (IoT), das mit dem Ausbau des 5G-Netzes immer mehr an Bedeutung gewinnt, wird vom Kühlschrank bis zu Sprachassistenten wie Amazons Alexa nahezu jedes Gerät zu einem Datenlieferanten. Bereits 2016 gab es weltweit rund 17 Milliarden vernetzter

Geräte, 2020 waren es 30, für kommendes Jahr rechnet man mit 75 Milliarden.[44]

Zu regelrechten Datenschleudern – zu »Computern auf Rädern« – sind auch die modernen Autos geworden. Sie sammeln »fast unkontrollierbar Daten«, die von den Autokonzernen oft an Drittfirmen verkauft werden. Von den 25 großen Automarken hat keine einzige den Privatsphäretest der Mozilla-Stiftung bestanden.[45] Die modernen Autos zeigen auch, dass Überwachung und Kontrolle untrennbar miteinander verbunden sind. Sie liefern nicht nur Daten, sondern mit ihnen kann der Fahrer auch umfassend gesteuert und diszipliniert werden. So müssen seit Juli 2024 alle Neuwagen in der EU unter anderem mit einem Geschwindigkeitswarner ausgestattet sein, der den Lenker optisch und akustisch warnt, sobald er das jeweilige Tempolimit überschreitet. Noch bleibt es bei einer Warnung. Ähnlich wie bei Flugzeugen ist inzwischen auch ein Unfalldatenspeicher Pflicht. Bei einem Unfall speichert er die Daten zu Position, Bremsen, Geschwindigkeit etc. Noch weitere Überwachungs- und Kontrollsysteme wie Müdigkeits- und Aufmerksamkeitswarner sind vorgeschrieben. Selbstredend liefern all dieses Systeme Daten, die von den Automobilkonzernen gesammelt und verwertet werden.

Ob nun über Autos, das Gesundheitswesen, den Tourismus oder den Handel, überall werden Daten gesammelt. Was wir im Internet machen, was wir lesen, suchen, kaufen, liken und nicht liken, was wir uns ansehen und wo wir es tun, all dies wird gespeichert, und die gesammelten Daten werden – trotz Datenschutz-Grundverordnung (DSGVO) und anderen Gesetzen – weitergegeben, miteinander verknüpft und für unterschiedlichste Zwecke ausgewertet. Die DSGVO ist in etwa so effektiv wie eine Waffenverbotszone. Wer sich, wie Messerstecher oder Datenräuber, grundsätzlich nicht an Gesetze hält, lässt sich auch von solchen Verordnungen nicht abschrecken. Man spricht in diesem Zusammenhang von Big Data, also von der Nutzbarmachung großer Datenmengen für kommerzielle, politische, kriminelle, geheimdienstliche oder sonstige Zwecke.

Die dahinterstehenden Akteure wissen oft mehr über unser Leben als wir selbst. Sie kennen unseren Gesundheitszustand, unsere Ernährungsgewohnheiten, unseren Bekanntenkreis, unsere Freizeitaktivitäten, unsere politischen Einstellungen und sogar, was wir in Zukunft kaufen, wählen oder unternehmen werden. Längst sind Technologien im Einsatz, die uns nicht nur überwachen, sondern auch unser zukünftiges Verhalten prognostizieren können. Dazu gehört auch die Datenanalysesoftware Gotham des US-Unternehmens Palantir, die, wie es in dem Science-Fiction-Film *Minority Report* vorgeführt wird, Verbrechen verhindern soll, bevor sie begangen werden. Zu diesem Zweck werden von KI-Programmen riesige Mengen an Daten ausgewertet. Die Polizei in Hessen arbeitet bereits mit Produkten von Palantir. Damit lassen sich Datensilos wie Vorstrafenregister, Fahndungssysteme und Handydaten verknüpfen und automatisch auswerten. Selbstredend lassen sich solche Systeme auch für politische Zwecke einsetzen beziehungsweise missbrauchen. Von solchen Datensilos gibt es unendlich viele, und die Möglichkeiten, die sich aus der Verknüpfung und Auswertung dieser Datenmengen ergeben, sind dank künstlicher Intelligenz grenzenlos.

Die National Security Agency (NSA), der größte US-Auslandsgeheimdienst, hatte bereits 2013 ein »goldenes Zeitalter der Überwachung«[46] ausgerufen. Inzwischen leben die staatlichen, kommerziellen, kriminellen und geheimdienstlichen Datensammler und Schnüffler im Paradies.

Was mit unseren Daten passiert

Eines vorweg: Wir haben keine Kontrolle darüber, wer Zugriff auf unsere Daten hat, die wir preisgeben. Unzählige Akteure sind an Informationen über uns interessiert, die großen Techkonzerne, professionelle Datensammler und -händler, Regierungen, Behörden, Geheimdienste, politische Aktivisten, Hacker und Kriminelle. Zu Letzteren gehören die Datenräuber, die das Netz systematisch nach personenbezogenen Daten durchforsten, diese kategorisieren, bewerten und daraus Persönlichkeitsprofile erstellen, die sie weiterverkaufen. Wir machen es ihnen oftmals sehr leicht. Einige der größten Kunden von Datenhändlern sind tatsächlich die Regierungen auf der ganzen Welt. Wir können uns sicher sein, dass wir von den meisten Geheimdienstprogrammen und Aktivitäten nie erfahren werden – ebenso wenig wie von den Vereinbarungen zum Datenaustausch und den wechselseitigen Beziehungen, die zwischen Staaten und Organisationen bestehen.

Alle sammeln Informationen, jeder Unternehmer, mit dem Sie zu tun haben, speichert Ihre Daten und nutzt sie auf unterschiedlichste Weise. Diese Daten werden auf Servern gespeichert, und Sie können nicht davon ausgehen, dass diese Informationen vertraulich behandelt werden, wenn sie an Dritte weitergegeben werden. Viele Unternehmen geben, auch wenn sie dabei gegen Gesetze und Verträge verstoßen, diese Informationen und Daten nach Belieben weiter. Und es gibt staatliche und kriminelle Hacker, die sich Daten auf illegalem Weg beschaffen.

John Chambers, CEO von Cisco Systems, sagte: »Es gibt zwei Arten von Unternehmen: diejenigen, die gehackt wurden, und solche, die nicht wissen, dass sie gehackt worden sind.«[47]

Wir haben also keinen Einfluss darauf, was mit unseren Daten passiert, sobald wir sie aus der Hand gegeben haben. Deshalb sollte man nicht leichtfertig die intimsten Details seines Lebens preisgeben, sondern darauf achten, wer welche Daten bekommt und was er mit ihnen machen darf. Zwar gibt es immer bessere Technologien zum Überwachen, Sammeln und Auswerten von Daten, doch ebenso gibt es neue Technologien und Methoden, die genau dies verhindern, und Menschen, die sich für den Schutz unserer Privatsphäre einsetzen und gegen den sich ausbreitenden Kontroll- und Überwachungsstaat kämpfen. Deren Wissen und solche Technologien sollten wir nutzen.

Das Recht auf Geheimnisse

»Reden ist Silber, Schweigen ist Gold.« Wer kennt ihn nicht, diesen zeitlos gültigen Spruch? Er wird dem deutschen Theologen und Philosophen Johann Gottfried Herder zugeschrieben. Von ihm soll auch der Satz stammen: »Lerne schweigen, o Freund. Dem Silber gleichet die Rede, aber zu rechter Zeit schweigen ist lauteres Gold.«[48]

Genauso ist es. Wir alle haben ein Anrecht auf unsere persönlichen Geheimnisse, und niemand darf mit unlauteren Mitteln (zum Beispiel dem Abhören von Telefonaten oder der Kontrolle unseres E-Mail-Verkehrs) versuchen, diese Geheimnisse aufzudecken. Denn Geheimnisse sind in den meisten Fällen nichts Unmoralisches, sondern – im Gegenteil – etwas Erhabenes. Etwas, das wir in uns tragen und vor dem unbefugten Zugriff durch andere Personen schützen. In den Zehn Geboten, die Moses auf dem Berg Sinai entgegennimmt und die die europäische Kultur tiefgehend geprägt haben, steht nirgendwo »Du sollst keine Geheimnisse haben«.

Doch in der heutigen Gesellschaft zählt nur noch Transparenz. Ob im privaten Bereich oder im Verhältnis zwischen Behörden und Bürgern: Alles soll transparent sein. Wie ein offenes Buch, in dem jeder Neugierige beliebig lesen kann. Früher gab es ein Bankgeheimnis; das wurde in Deutschland faktisch abgeschafft. Sicher erinnern Sie sich noch an das frühere Schweizer Bankgeheimnis, das als besonders streng galt. Es besteht in seiner damaligen Form ebenfalls nicht mehr, weil sich die Regierung und die Finanzwirtschaft letztlich dem internationalen Druck gebeugt haben. Vor allem die USA, die EU und die OECD drängten die Eidgenossen, ihr Bankgeheimnis immer weiter aufzuweichen. So ist die Schweiz heute dem automatischen Informationsaustausch (AIA) angeschlossen. Dadurch sind Schweizer Banken verpflichtet, Informationen über die Finanzkonten ausländischer Steuerpflichtiger automatisch an die Steuerbehörden des jeweiligen Landes zu melden. Und durch den FATCA (Foreign Account Tax Compliance Act, das »Gesetz zur Einhaltung ausländischer Vorschriften«) wurde die Schweiz gezwungen, den USA Informationen über Konten von US-Bürgern zur Verfügung zu stellen.

Dieses Beispiel zeigt, dass Geheimnissen aus Sicht des Staates oft etwas Suspektes anhaftet, als müsse jeder, der im steuerbegünstigten Ausland ein Konto unterhält, ein Steuerhinterzieher oder Schlimmeres sein. In welchem Lebensbereich auch immer: Wer Geheimnisse hat, steht im Verdacht, etwas zu verbergen. Das mag in dem einen oder anderen Fall zutreffen, und dann spricht man von »schmutzigen Geheimnissen«, doch rechtfertigt diese Eventualität keinen Generalverdacht, der zum Anlass genommen wird, die Privatsphäre von Menschen akribisch auszuspionieren.

Geheimnisse werden oft sogar mit Lügen gleichgesetzt. In Einzelfällen können sie dazu dienen, Lügengebäude zu verschleiern, sodass sich die Frage nach der moralischen Bewertung eines Geheimnisses stellt. Indes sind sie in den meisten Fällen moralisch nicht nur vertretbar, sondern sogar ethisch und gesetzlich geboten. Denken Sie nur an Berufsgeheimnisse wie die ärztliche Schweigepflicht, das Anwaltsgeheimnis und den journalistischen Informantenschutz. Und ich möchte nicht wissen (oder vielleicht doch), welche Staatsgeheimnisse mit dem Vermerk »streng geheim« unsere Regierungen aufbewahren.

Aber nicht nur Regierungen haben ein Recht auf Geheimnisse. Auch Sie, liebe Leserinnen und Leser, haben dieses Recht. Es gründet auf dem Persönlichkeitsrecht des Grundgesetzes (Artikel 2 Abs. 1 in Verbindung mit Artikel 1 Abs. 1), dem Recht auf informationelle Selbstbestimmung und der Datenschutz-Grundverordnung (DSGVO). Letztgenannte regelt den Schutz personenbezogener Daten und gibt Bürgern umfassende Rechte – darunter auch das Recht, über die Nutzung ihrer Daten informiert zu werden.

Doch warum soll Schweigen Gold sein? Der Hinweis, »du verschweigst mir doch etwas«, ist in der Regel ja nicht als Kompliment gemeint. Die Antwort ist einfach: »Geheimnisse sind für jeden von existenzieller Bedeutung. Sie helfen uns, unsere Unabhängigkeit und Selbstständigkeit zu bewahren«, schrieb schon vor mehreren Jahren die Psychologin Ursula Huber. Jeder habe das Recht, Dinge für sich zu behalten und nur mit sich selbst auszumachen. »Keine Geheimnisse, das hieße: Der andere weiß alles von mir, meine Gedanken, meine Pläne, meine Sehnsüchte, meine Phantasien.«[49] Unsere Gedanken, unsere Geheimnisse, unsere persönlichen Daten – das alles ist unser Eigentum. Und auf sein Eigentum sollte man bekanntlich aufpassen. Oder, um es mit den Worten des deutschen Aphoristikers Fred Ammon auszudrücken: »Viele Gedanken sind im Gehirn besser aufgehoben als im Mund.«[50]

KAPITEL 4

Die Software für Ihr Freiheits-Handy

Wie erwähnt, sind das Betriebssystem GrapheneOS, der Open-Source-Webbrowser Brave sowie die alternativen App-Stores F-Droid und Aurora Store bereits auf dem Freiheits-Handy installiert. Schauen wir uns der Reihe nach an, was es damit auf sich hat.

GrapheneOS

Beginnen wir mit dem schon vielfach erwähnten GrapheneOS. Dabei handelt es sich um ein Open-Source-Betriebssystem, das auf Android basiert und sich auf Datenschutz und Sicherheit konzentriert. Dass wir hier über ein in mehrfacher Hinsicht sicheres und vertrauenswürdiges Betriebssystem verfügen, verdanken wir dem Kanadier Daniel Micay. Er gründete GrapheneOS, um ein mobiles Betriebssystem und damit für die Nutzer eine Plattform zu kreieren, die es möglich macht, unsere Privatsphäre bestmöglich zu schützen und unsere Endgeräte zu sichern, ohne dass dies auf Kosten der Benutzerfreundlichkeit geht.

Die entscheidenden Merkmale von GrapheneOS sind:

- **Sicherheit:** Dieses Betriebssystem bietet fortschrittliche Sicherheitsfunktionen wie zusätzliche Speicherisolation, Sandboxing[51] und erweiterte Schutzmaßnahmen vor Exploits[52].
- **Datenschutz:** GrapheneOS minimiert die Erfassung von Nutzerdaten. Es gibt keine vorinstallierten Google- oder Apple-Dienste, sodass der Nutzer selbst entscheiden kann, welche Apps er installieren möchte und welche nicht. Dadurch wird die Datenerfassung durch Big-Tech-Konzerne und Geheimdienste verhindert und die Privatsphäre erheblich gestärkt.
- **Anpassungsmöglichkeit:** Die Nutzer haben vollständige Kontrolle über die Installation von Apps und Diensten, ohne dass sie auf die Sicherheits- und Datenschutzvorteile verzichten müssen. GrapheneOS erlaubt es den Nutzern, viele Einstellungen anzupassen, um das Gerät genau nach ihren Bedürfnissen und Sicherheitsanforderungen zu konfigurieren.
- **Updates:** GrapheneOS bietet häufige Updates, um sicherzustellen, dass das System geschützt bleibt.

- **Transparenz und Vertrauen:** Der Quellcode von GrapheneOS ist öffentlich einsehbar, da es eine Open Source ist. Nutzer und Experten können den Code selbst überprüfen, um festzustellen, dass keine Hintertürchen oder Sicherheitslücken vorhanden sind.

Es ist also kein Wunder, dass Edward Snowden empfiehlt: »Wenn ich heute ein Smartphone konfigurieren würde, würde ich Daniel Micays GrapheneOS als Basisbetriebssystem verwenden. Ich benutze GrapheneOS jeden Tag.«

Brave

Der Webbrowser Brave ist auf dem Freiheits-Handy des Kopp Verlags ebenfalls vorinstalliert. Gestatten Sie vorab eine Frage: Mit welchem Browser arbeiten Sie aktuell? Die Wahrscheinlichkeit ist groß, dass es sich um Google Chrome, Microsoft Edge oder Apple Safari handelt. Da wir bei dem Freiheits-Handy hohe Priorität auf Ihre Privatsphäre legen, haben wir uns für Brave entschieden.

Dieser Browser wurde von dem im Jahr 2015 gegründeten US-amerikanischen Unternehmen Brave Software Inc., San Francisco, entwickelt und fokussiert sich stark auf Datenschutz und Sicherheit. Brave blockiert standardmäßig Werbung und Tracker. Dadurch wird verhindert, dass Websites Ihre Onlineaktivitäten nachverfolgen oder Werbung einblenden. Der Browser blockiert darüber hinaus Drittanbieter-Cookies und Skripte, die den Nutzer im Internet verfolgen. Dies tut er mithilfe sogenannter Shields

(»Schutzschilde«), wodurch die Privatsphäre der Nutzer besser geschützt ist. Ebenso wie GrapheneOS ist auch Brave ein Open-Source-Projekt. Wie Sie inzwischen wissen, bedeutet dies, dass der Quellcode öffentlich einsehbar ist. Mithin eignet sich Brave vor allem für datenschutzbewusste Nutzer, die Wert auf schnelles und sicheres Surfen legen, ohne dafür Abstriche bei ihrer Privatsphäre machen zu müssen.

Die App-Stores F-Droid und Aurora Store

Schließlich sind auf Ihrem Freiheits-Handy die alternativen App-Stores F-Droid und Aurora-Store vorinstalliert. **F-Droid** hat sich auf freie und Open-Source-Software spezialisiert. Damit sind alle auf F-Droid angebotenen Apps quelloffen und ihr Quellcode ist für jeden einsehbar und veränderbar. Der Store bietet eine große Auswahl an Anwendungen, die ohne proprietäre Abhängigkeit auskommen. Dadurch ist er besonders für Nutzer geeignet, die Wert auf Datenschutz, Transparenz und Kontrolle über ihre Software legen.

Der **Aurora Store** bietet die Möglichkeit, Apps aus dem Google Play Store herunterzuladen, ohne ein Google-Konto anlegen zu müssen. Wir brauchen keine persönlichen Daten an Google preiszugeben, um auf den Play Store zugreifen zu können – ein wichtiger Schritt in Richtung digitale Selbstbestimmung. Der Quellcode des Aurora Store ist öffentlich einsehbar, was Transparenz und Sicherheit bietet.

Trotzdem sollten wir uns darüber im Klaren sein: Apps aus dem Google Play Store könnten von Google manipuliert oder verändert worden sein. Deshalb empfehle ich, F-Droid als Hauptquelle für Anwendungen und den Aurora Store nur gezielt für wenige ausgewählte Apps zu nutzen.

Neben diesen bei Lieferung des Freiheits-Handys bereits vorhandenen App-Stores haben Sie natürlich die Möglichkeit, mithilfe von Video-Anleitungen je nach Ihren Bedürfnissen weitere Anwendungen zu installieren. Auch bei diesen Apps stehen Sicherheit und Privatsphäre im Vordergrund.

Viele von Ihnen, liebe Leserinnen und Leser, nutzen den vermutlich populärsten Messaging-Dienst WhatsApp. Doch die Popularität dieses Dienstes bedeutet aus Sicht datensensibler und auf ihre Privatsphäre achtender Menschen noch lange nicht, dass er auch empfehlenswert ist. An anderer Stelle habe ich bereits erwähnt, was ich als Digitaler Aktivist von WhatsApp halte: nämlich gar nichts. WhatsApp gehört zu Meta (ehemals Facebook) und sammelt für seinen Mutterkonzern erhebliche Mengen an Metadaten (Informationen über Kontakte, Nutzungsverhalten und so weiter). Privatsphäre? Fehlanzeige!

Signal

Ich empfehle als Messaging-Dienst Signal, welcher der US-amerikanischen Signal-Stiftung gehört, also keinem Techkonzern, sondern einer Non-Profit-Organisation, die sich aus Spenden finanziert. »Ins Leben gerufen wurde Signal 2014 von einem ehemaligen Facebook-Mitarbeiter und einem Experten für Verschlüsselung.«[53] Eine fortschrittliche Ende-zu-Ende-Verschlüsselung macht Ihre Kommunikation sicher. Weder Signal noch irgendjemand sonst kann Ihre Nachrichten lesen oder Ihre Telefonate abhören. Vertraulichkeit ist kein optionaler Modus, sondern ausnahmslos in alle Funktionen integriert. Signal enthält keine Werbung, kein Affiliate-Marketing und kein Tracking.

Bezeichnend ist, wie der SWR WhatsApp und Signal miteinander vergleicht: »Hinter WhatsApp steckt der amerikanische Meta-Konzern, zu dem auch Facebook und Instagram gehören. Meta ist ein Konzern, der mit Nutzerdaten Geld verdient, in dem er diese Daten gezielt der Werbeindustrie anbieten kann. Die Chats selbst sind bei WhatsApp verschlüsselt, aber die Verbindungsdaten nicht. WhatsApp weiß also, wer sich wann mit wem ausgetauscht hat und ob es sich dabei um Textnachrichten, Audios oder Videos gehandelt hat. Das ist als recht aussagekräftig zu werten, sodass der Inhalt dann letztlich keine Rolle mehr spielt. Signal bietet genau hier mehr Privatsphäre, weil es eben kein Geld mit Nutzerdaten verdienen muss.«[54]

Telegram

Telegram gehört zu den beliebtesten Messaging- und Gruppenchat-Diensten. Wie Sie das zensurfreie Telegram auf Ihr Freiheits-Handy installieren können, erfahren Sie ebenfalls in den Video-Anleitungen, die im Sinne von Open Source auf der Website des Digitalen Aktivisten (*digitaler-aktivist.de*) für alle frei verfügbar sind. Telegram wurde 2013 von den Brüdern Nikolai und Pawel Durow in Russland entwickelt.

Benutzer von Telegram können Textnachrichten, Sprachnachrichten, Fotos, Videos und Dokumente austauschen sowie mit anderen Telegram-Nutzern (auch per Video) telefonieren. Für die geheimen Chats bietet Telegram eine Ende-zu-Ende-Verschlüsselung, sodass Nachrichten nur vom Absender und Empfänger gelesen werden können. Überdies können Benutzer Nachrichten so einstellen, dass sie nach einer bestimmten Zeit automatisch gelöscht werden. Telegram bietet außerdem die Möglichkeit, Kanäle und Gruppen anonym zu verwalten. Die Nutzer können entscheiden, welche Informationen sie preisgeben möchten.

Im Gegensatz zum Konkurrenten Signal ist Telegram indessen kein vollständiger Open-Source-Dienst. Dafür eignet sich der Messenger gut für Gruppenchats mit großen Gemeinschaften und Organisationen. Kanäle ermöglichen es zudem, Nachrichten an ein unbegrenztes Publikum zu senden, was es besonders geeignet für öffentliche Informationen und Updates macht. Nicht zuletzt deshalb steht Telegram in manchen Ländern im Schlaglicht staatlicher Repressionen bis hin zu Verboten.

K9-Email & E-Mail-Verschlüsselung

Wie ich an anderer Stelle schon erwähnt habe, ist eine E-Mail nichts anderes als eine elektronische Postkarte. Jeder, der will, kann sie lesen. Viele Nutzer sind sich dessen gar nicht bewusst. Dabei käme kein Mensch auf die Idee, private oder vertrauliche Nachrichten auf einer Postkarte zu versenden. Offenbar sind viele von uns im E-Mail-Verkehr weniger sensibel. Doch hierfür gibt es mit K9-Email & E-Mail-Verschlüsselung eine sichere und komfortable Lösung. Dabei handelt es sich um einen vollausgestatteten E-Mail-Client, der mit nahezu jedem E-Mail-Provider funktioniert, also zum Beispiel GMX, Web.de, Gmail und Yahoo. Die App unterstützt mehrere E-Mail-Konten gleichzeitig, sodass Nutzer verschiedene E-Mail-Adressen innerhalb einer einzigen App verwalten können. Wenn Sie eine E-Mail verschlüsseln, wird der Inhalt der Nachricht mithilfe des Empfängerschlüssels verschlüsselt. Nur der Empfänger, der im Besitz des privaten Schlüssels ist, kann diese Nachricht entschlüsseln und lesen. Das bedeutet: Um verschlüsselte E-Mails senden und empfangen zu können, brauchen sowohl der Absender als auch der Empfänger die entsprechenden Schlüssel. Diese können durch Programme wie OpenKeychain generiert und verwaltet werden. Wie das funktioniert, wird dem Nutzer des Freiheit-Handys in einem leicht verständlichen Video erklärt. K9-Email & E-Mail-Verschlüsselung bietet Ihnen eine weitgehende Kontrolle über Ihre E-Mail-Kommunikation. Sie sind nicht länger auf die standardisierten Lösungen von Google, Microsoft und anderen großen Anbietern angewiesen. Anders ausgedrückt: Aus der E-Mail-Postkarte wird gleichsam ein versiegelter Brief.

NewPipe

Sie sind häufig auf YouTube unterwegs, möchten aber nicht von Big Brother beobachtet oder von ständiger Werbung genervt werden? Dann installieren Sie die App NewPipe auf Ihrem Freiheits-Handy. Dabei handelt es sich um eine Open-Source-YouTube-Client-App, die eine leichte und datenschutzfreundliche Alternative zur offiziellen YouTube-App darstellt. Sie erhalten nach der Installation Zugriff auf alle Videos von YouTube – und zwar ohne Werbung. Im Gegensatz zur offiziellen YouTube-App benötigt NewPipe kein Google-Konto für den Videozugang. Folglich gibt es auch keine Datenerfassung durch Google, was für datenschutzbewusste Nutzer ein großer Vorteil ist. NewPipe sammelt keine persönlichen Daten und kommuniziert nicht mit den Google-Servern. Die App verwendet YouTube-Daten, die öffentlich zugänglich sind, ohne sich bei Google-Diensten anzumelden oder Cookies zu benutzen.

Jitsi

Die Einschränkungen während der Coronamonate, insbesondere die langen Lockdowns, haben viele kleine und mittelständische Unternehmen in existenzielle Schwierigkeiten gebracht. Während Großkonzerne auf staatliche Hilfe setzen konnten, waren kleinere Unternehmen oft auf sich allein gestellt, was in zahlreichen Fällen zur Insolvenz führte. Doch es gab auch Gewinner in dieser Krise. Besonders die Anbieter von Videokonferenzdiensten wie Microsoft Teams und Zoom konnten enorm profitieren. Diese Großkonzerne erlebten einen regelrechten Boom, da immer mehr Arbeitnehmer die Vorteile des Homeoffice entdeckten. Trotz damit verbundenen Herausforderungen wie der Vereinsamung oder Ablenkung im Homeoffice hat sich das Arbeiten von zu Hause aus in vielen Branchen etabliert und einen hohen Stellenwert erlangt.

Schätzungen zufolge werden in Deutschland mittlerweile jährlich mehrere Hundert Millionen Videokonferenzen abgehalten. In den meisten Fällen greifen die Menschen dabei auf Dienste wie Teams oder Zoom zurück. Doch es gibt eine datenschutzfreundlichere Alternative, nämlich Jitsi. Diese quelloffene App bietet verschlüsselte Telefon- und Videokonferenzen ohne künstliche Teilnehmerbeschränkungen und ohne die Notwendigkeit eines Benutzerkontos. Ein einfaches Passwort schützt den Zugang zu Ihren Konferenzen, und da Jitsi webbasiert funktioniert, müssen Ihre Gesprächspartner nichts installieren, um an der Besprechung teilzunehmen.

Doch es geht sogar noch besser. Wer maximale Kontrolle und Privatsphäre sicherstellen möchte, sollte Jitsi auf einem eigenen Server im Rahmen der Freiheitscloud betreiben. Ein eigener Jitsi-Server bietet Ihnen die vollständige Kontrolle über Ihre Daten und gewährleistet, dass keine Dritten – nicht einmal Jitsi selbst – Zugriff auf die Konferenzen oder deren Inhalte haben. Diese Lösung ist attraktiv für alle, die großen Wert auf Datenschutz legen und sich nicht den Unsicherheiten großer US-Dienste aussetzen wollen. Mit einem eigenen Server bestimmen Sie, wer Zugang hat, welche Daten gespeichert werden und wie für Sicherheit gesorgt wird. So können Sie sicherstellen, dass Ihre Kommunikation wirklich privat bleibt, und das ist ein wichtiger Schritt hin zu digitaler Freiheit und Unabhängigkeit.

Magic Earth

Magic Earth ist eine kostenlose Navigations-App, die sich auf Datenschutz und Benutzerfreundlichkeit fokussiert. Sie bietet umfassende Navigationsdienste für Autos, Fahrräder, Fußgänger und öffentliche Verkehrsmittel. Die App basiert auf OpenStreetMap (OSM) und nutzt offline verfügbare Karten, sodass Nutzer sogar ohne Internetverbindung navigieren können. Im Gegensatz zu vielen anderen Navigationsdiensten sammelt und speichert Magic Earth keine persönlichen Daten. Ferner liefert die App Verkehrsinfos in Echtzeit und auf Wunsch auch Wetterinformationen entlang der Route. Magic Earth gilt als gute Alternative zu anderen Navigationsdiensten, die Daten sammeln.

OnlyOffice – Office & PDF Dokumente

Dies ist eine App für Ihre Dokumente, Tabellen und Präsentationen, die überdies zu 100 Prozent mit Microsoft-Office-Formaten kompatibel ist. Mithilfe des Dokumenteneditors können Sie mit Textdokumenten aller gängigen Formate arbeiten, Texte formatieren und Seitenlayouts festlegen. Darüber hinaus können Links, Bilder und Diagramme eingefügt werden, und es gibt eine Druckfunktion. Mit dem Tabelleneditor ist das Erstellen, Anzeigen und Bearbeiten von Arbeitsblättern direkt an Ihrem Gerät möglich. Mit dem Präsentationseditor lassen sich Präsentationen auf Ihrem Handy erstellen und bearbeiten. Wenn Sie OnlyOffice haben, brauchen Sie keinen weiteren PDF-Reader zu installieren, denn auch das kann die App.

Michael Ballweg im Gespräch

Apple & Google: Sag zum Abschied leise Servus (Teil 1)

zu den Themen:

- Das Smartphone als »smarte Wanze«
- GrapheneOS – das Betriebssystem für alle, die ihre Freiheit lieben
- Tschüss, Big Brother: Wie das Freiheits-Handy Ihre Privatsphäre schützt
- Wie KI die staatliche Überwachung optimiert und was Sie dagegen unternehmen können
- Dezentralität – die Antwort auf die Macht der Großkonzerne

- Bei welchen Apps Sie vorsichtig sein sollten
- Das wirklich smarte Handy: ein digitales Handwerkszeug und kein Brandbeschleuniger der Empörungswellen
- Wie man zum »freien Digitalen« wird
- Wann der Mensch wirklich frei ist

Mit Michael Ballweg, dem Autor des vorliegenden Buches, sprach der Mainzer Wirtschaftsjournalist und Autor Michael Brückner. Wir dokumentieren dieses Gespräch nachfolgend in leicht gekürzter Fassung.

Michael Brückner: *Wir sitzen hier, und vor uns liegt das Freiheits-Handy. Ästhetisch ein sehr schönes Gerät, das aber noch viel mehr kann als gewöhnliche Smartphones, nämlich unsere Privatsphäre schützen. Doch bevor wir in die Details einsteigen, wird es unsere Leserinnen und Leser und natürlich auch mich interessieren, wie diese – deine – Idee entstanden ist.*

Michael Ballweg: Der Hintergrund ist, dass ich 2021 festgestellt habe, dass mein Apple-Telefon massiv zensiert wurde. Und zwar so, dass Videos und Bilder von unseren Querdenken-Demonstrationen wundersamerweise auf einmal schwarz waren. Darüber hinaus hat Apple dann ja angekündigt, im Rahmen der Sicherheit für uns alle und zur Abwehr von Kinderpornografie jetzt sämtliche Geräte auch zu scannen. Das war für mich dieser Moment, in dem mir wirklich bewusst wurde, wie tief über die Mobiltelefone tatsächlich in unsere Privatsphäre eingegriffen wird. Ich will jetzt gar nicht darüber reden, was jeder schon erlebt hat: Man unterhält sich mit seiner Partnerin oder seinem Partner über irgendein Thema, und plötzlich bekommt man Werbung und gezielte Angebote zu diesem Thema. Das ist zwar eine lästige, aber noch vergleichsweise harmlose Folge dieser Schnüffelei.

Tatsächlich? Ich glaube, viele sind sich dessen gar nicht bewusst. Wie kann ich denn als etwas unbedarfter Privatmann feststellen, dass ich gerade in irgendeiner Weise von irgendeiner Stelle belauscht werde?

Das kann man ganz einfach testen. Man braucht sich per Handy nur einmal über Babywindeln unterhalten oder über Kindersitze, auch wenn man keine Kinder hat. Dann kommt prompt die einschlägige Werbung. Und wenn man Instagram oder Facebook oder was auch immer von den Altsystemen benutzt, kann man ebenfalls feststellen, dass man die passende Werbung erhält. Das sollte man ausprobieren. Und es ist längst bewiesen, dass Alexa oder vergleichbare Geräte, die sich die Leute zu Hause hinstellen, permanent mithören. Da gab es schon dementsprechende Skandale, zum Beispiel, weil in einem Callcenter in Polen irgendwelche privaten Sachen mitgehört wurden. Denn diese Geräte nehmen immer auf.

Und daraus ergibt sich zwangsläufig die Frage, ob ich so etwas in meinem Heim haben möchte! Die Stasi hätte an solchen Möglichkeiten ihre große Freude gehabt. Man muss sich jetzt nicht mehr viel Mühe geben und die Gebäude verwanzen, schließlich werden die Daten automatisch an Großkonzerne geschickt. Und zwischen Großkonzernen und Geheimdiensten gibt es umfassende Kooperationsvereinbarungen. Auch das ist spätestens seit den Enthüllungen von Edward Snowden klar. Ich glaube, dazu gibt es inzwischen genügend Literatur, sodass ich nicht ins Detail zu gehen brauche.

Doch zurück zum Thema: Ich habe mich auf den Weg gemacht und gesagt, ich brauche etwas Alternatives. Und wie immer gibt es für alles schon Lösungen. Lass mich zunächst kurz den Hintergrund des Betriebssystems Android erklären. Android war ja auch ein Open-Source-Projekt …

Darf ich dich mal kurz unterbrechen? Vielleicht sollten wir den Leserinnen und Lesern zuerst kurz erklären, was man unter Open Source versteht?

Gerne. Open Source (wörtlich übersetzt: »freie Quelle«) bezeichnet eine Software, deren Quellcode frei verfügbar ist und von unabhängigen Dritten eingesehen werden kann. Android war ein solches Open-Source-Projekt, das sich Google angeeignet und in das es dann seine ganzen Überwachungsfunktionen mit eingebaut hat. Aber es existieren noch freie Android-Systeme, die man auf Mobiltelefonen installieren kann. Konkret gibt es zwei Systeme: Das eine heißt **LineageOS**, das zweite **GrapheneOS**, und GrapheneOS unterstützt, was zunächst etwas seltsam klingt, nur Google-Geräte, nur Google-Smartphones. Und dieses System verwenden wir für die Freiheits-Handys, die vom Kopp Verlag vertrieben werden. Die österreichische Tageszeitung *Der Standard* titelte goldrichtig:

»GrapheneOS ist das Android für alle, die Google nicht mögen, aber ihre Freiheit lieben.«[55]

Und trotzdem ist das Freiheits-Handy ein Google-Gerät?

Wie ich schon sagte, unterstützt GrapheneOS derzeit als Hardware nur Google-Pixel-Geräte. Es setzt nämlich voraus, dass die Geräte über starke Sicherheitsfunktionen und eine hervorragende Unterstützung für alternative Betriebssysteme verfügen, was aktuell nur bei den Pixels von Google der Fall ist. Google macht es sehr einfach, auf Pixel-Geräten alternative Firmware zu installieren.

Und wie ging es dann weiter bei der Entwicklung des Freiheits-Handys?

Ich fing an, die genannten Geräte und GrapheneOS zu benutzen, und habe mich etwa ein halbes Jahr damit beschäftigt. Ich komme ja selbst aus der IT- und Softwareentwicklung und aus dem Apple-Ökosystem, wo Benutzerfreundlichkeit im Vordergrund steht. So habe ich versucht, diese Usability, diese Bedienerfreundlichkeit, die Apple hat, auf einem Google- oder Applefreien Telefon nachzubilden. Daraus sind dann die Projekte Digitaler Aktivist und Freiheits-Handy entstanden, die auch den Hintergrund für das Freiheits-Handy von Kopp bilden.

Ich sehe eben eine große Notwendigkeit, dass wir uns von Apple und Google freimachen und uns dieses massiven Eingriffs in unsere Privatsphäre bewusst werden. Viele sagen, na ja, ich habe nichts zu verbergen, ich mache doch nichts Illegales. Doch das ist für mich ein Pseudoargument. Man muss sich einfach klarmachen, dass das Internet nichts vergisst. Was da alles dokumentiert wird, haben wir in der Coronapandemie erlebt. Außerdem können Gesetze auch rückwirkend geändert werden. Ironisch zugespitzt: Wenn die Regierung in 3 Jahren sagt, alle, die einen grünen Pullunder gekauft haben, sind Staatsfeinde, dann lässt sich das natürlich prima ermitteln.

Das Argument, ich habe nichts zu verbergen, hört man ja auch immer wieder, wenn es um Bargeldrestriktionen geht und so weiter. Selbst wenn das stimmen würde, gibt es einfach Dinge wie mein Privatleben, die den Staat nichts angehen. Wir haben ein Grundrecht auf Privatsphäre, über das ich in diesem Buch ausführlich geschrieben habe. Und Grundrechte müssen verteidigt werden. Wenn sich der Staat immer massiver einmischt, muss man deutlich sagen, hier ist meine Grenze. Und da mein Vorteil ist, dass ich seit 25 Jahren IT-Unternehmer bin und über das notwendige Wissen verfüge, weiß ich mich zu wehren und kann ein Projekt zur Gegenmaßnahme entwickeln.

Ganz direkt gefragt: Was passiert da eigentlich mit unseren Smartphones?

Bisher ist es so: Die NSA, der US-amerikanische Auslandsgeheimdienst, der BND und andere Geheimdienste haben große Rechenzentren irgendwo in der Wüste von Nevada oder so stehen, und die beherbergen riesige Datenmengen. Dorthin senden die Telefone derzeit die Daten, und dann werden diese ausgewertet. Oder die Daten gehen erst an die Großkonzerne und danach zu den Nachrichtendiensten, die genauen Wege kennt man nicht. Angenommen, ich wäre die Regierung und repräsentierte einen übergriffigen Staat, dann würde ich so viele Daten wie möglich – am besten alle – abgreifen wollen. Man weiß ja auch, dass die Großkonzerne durch Inkubatoren von der CIA finanziert wurden. Aber es ist doch viel komfortabler, wenn die Menschen aus freien Stücken ihre Daten abgeben als wenn ich die Bürger illegal überwachen muss.

Und damit kommen wir zu den Geschäftsmodellen der Großkonzerne. Also immer, wenn man nichts bezahlen muss, ist man selbst mit seinen Daten das Produkt. Es werden einem ja immer diese ellenlangen Nutzungsvereinbarungen vorgesetzt, die bestimmt keiner liest. Darin gibt man zum Beispiel das Recht am eigenen Bild ab, aber auch natürlich an allen Texten, die man schreibt. Im Moment müssen sie noch relativ viel Aufwand betreiben, es kostet noch relativ viel Geld, sich die Daten zu beschaffen. Doch nun kommen diese KI-Chips auf die Handys, also die künstliche Intelligenz, dank ihrer kann das Handy die ganzen Daten auswerten und mit überschaubarem Aufwand ein komplettes Profil von einem Menschen erstellen, das es dann nur noch weiterschicken muss. Aus staatlicher Sicht ist das eine clevere Entwicklung. Dieser hat jetzt seine Kosten und seinen Aufwand zur Überwachung minimiert.

Und natürlich kann ich über die KI auf den Handys auch direkt Aktionen verbieten. In China gibt es jetzt eine solche App, die nur noch ein bisschen getestet werden muss. Wenn man eine »illegale« App installiert, wie auch immer illegal definiert ist, ruft das Handy sofort die Polizei an. Versucht man also in China, beispielsweise X (vormals Twitter) auf seinem Handy zu installieren, kommt direkt die Polizei.

Wahnsinn. Unglaublich. Eine App kontrolliert, welche anderen Apps ich installiere?!

Ganz genau. Diese Entwicklung hat meine Motivation verstärkt, dieses Freiheits-Handy zu entwickeln und auf den Markt zu bringen.

Wann hast du dieses Projekt gestartet?

Ende 2020/Anfang 2021, als wir die großen Demos gemacht haben. Vielleicht sogar ein bisschen früher, denn eigentlich bringe ich immer im Winter Projekte auf den Weg. Es geht aus meiner Sicht nicht zuletzt um zwei energetische Themen. Das eine Thema ist dieser digital-finanzielle Komplex, der uns permanent überwacht und uns unsere Energie und unsere Daten entzieht. Die hierzu eingesetzten Geräte sind hochverschlüsselt. Wir hingegen erreichen über die Verschlüsselung, dass die Repressionskosten steigen.

Kannst du uns das bitte genauer erklären?

Wie ich gerade erwähnt habe, wird die KI auf unseren Handys installiert, damit wir komplett transparent sind. Wir machen es andersherum: Wir verschlüsseln alle unsere Daten mit ganz viel Technik. Dies verursacht einen höheren und teureren Aufwand, um diese Verschlüsselung zu knacken und die Daten nutzen zu können. Weil ich persönlich davon ausgehe, dass ich von den Geheimdiensten überwacht werde, wechsle ich zum Beispiel alle 3 Monate mein Handy. Einfach deshalb, weil ich weiß, dass jeder

Pegasus-Angriff mit diesem Staatstrojaner ungefähr 100 000 Euro kostet. Wechsle ich alle 3 Monate mein Handy, treibe ich die Kosten hoch.

Kurze Zwischenfrage für alle Leserinnen und Leser, die nicht so technologieaffin sind: Was versteht man unter Pegasus-Angriffen?

Pegasus ist ein digitales Spähprogramm, im Fachjargon Spyware genannt, das von dem israelischen Unternehmen NSO Group Technologies zum Ausspähen von iOS- und Android-Geräten entwickelt wurde. Diese Software kann unbemerkt auf sämtliche Daten zugreifen und sie über das Internet versenden.

Noch einmal für potenzielle Interessenten einfach zusammengefasst: Was sind die entscheidenden Vorteile des Freiheits-Handys für den Besitzer eines solchen Geräts?

Dieses Handy ist ein komplett Apple- und Google-freies Gerät. Es arbeitet mit einer Software, die keine Daten wegschickt, und setzt nur auf freie und quelloffene Software. Dabei spielt das Thema Open Source eine sehr wichtige Rolle. Ich glaube, wir sind beide in einem Alter, in dem wir uns noch daran erinnern können, dass man früher Software direkt beim Hersteller, also beim Softwareentwickler, kaufen konnte. Dieser Markt wurde dann ja komplett von den Großkonzernen übernommen, sodass Software nur noch über App-Stores vertrieben wurde. Und natürlich kontrollieren Apple und Google auch dieses Ökosystem, nehmen für ihre Kontrolle 30 Prozent von den Umsätzen und entscheiden natürlich auch, welcher Entwickler mit seinen

Produkten in die App-Stores kommt und welcher nicht. Folglich gibt es in diesen Stores nicht mehr viel freie Software.

Wir müssen also auch zurück zu einer dezentralen Finanzierung, sodass Softwareentwickler wieder unabhängig arbeiten, Software entwickeln und davon leben können. Ein solcher Gegenpol zu den digitalen Konzernen, den Großmonopolisten, ist nur möglich, wenn wir uns wieder dezentral aufstellen.

Und dazu ist es notwendig zu verstehen, dass Softwareentwicklung eben nicht kostenlos ist. Es ist eine Arbeit, genauso, wie wenn ich einen Architekten beauftrage oder wenn ich ein Auto kaufe. Software ist ein integraler Bestandteil von allem, mit dem wir uns heutzutage umgeben. Wir wollen ja nicht in die Steinzeit zurück, sondern haben wertvolle Tools. Zum Beispiel zeichnen wir gerade unser Gespräch mit Rekordern auf und lassen es danach über eine KI, über unsere eigene KI, in Text übersetzen oder umformen: Das sind ja komfortable Tools, die wir nutzen können sollten.

Wir müssen uns nur bewusst sein, dass all diese zentralen Produkte – ob es nun eine Handysoftware ist, ein Betriebssystem auf dem Rechner wie Windows oder macOS (das ist ja nicht besser) oder eine KI wie ChatGPT – dazu führen, dass wir überwacht werden. Wenn wir das nicht wollen, müssen wir Gegenpole bilden. Gestartet habe ich mein Projekt mit dem Handy, weil es für die meisten von uns ein Alltagswerkzeug ist. Aber bei diesem Gegenpol bleibt es nicht, sondern wir haben auch unsere eigene KI entwickelt. Das kann ich übrigens jedem Unternehmen empfehlen, das sich mit dem Thema KI beschäftigt. Sobald Unternehmen nämlich anfangen, die zentralen KIs zu verwenden, sind sie wieder in den Fängen der Industrie. Gerade als Mittelstand muss ich aber natürlich aufpassen, was mit meinen Produktdaten und meinem ganzen Know-how passiert. Wenn alles auf einmal in der KI ist, wo die Nutzungsbedingungen auch drinstehen, und die Daten gehören nicht mehr dir, dann hast du vielleicht sogar ein Patent verwirkt, wer weiß?

Hat denn ein Mittelständler die Möglichkeit, von den Kosten und der Manpower her seine eigene KI zu entwickeln?

Nun, ChatGPT kostet 20 Dollar im Monat. Habe ich, sagen wir mal, zehn Mitarbeiter, dann sind es 200 Dollar. Dabei muss ich mir aber klarmachen, dass ich nicht nur diese 20 Dollar, sondern auch mit meinen Daten bezahle. Also wird diese Cloud-Software immer gewinnen, deshalb ist sie ja auch so erfolgreich. Ich muss mir bewusst sein, dass das Thema IT und Privatsphäre sowie der Schutz meiner Rechte einen integralen Bestandteil meiner Unternehmensstrategie darstellen. Und in die sollte man eben investieren.

Ich nenne mal einfach einen Preispunkt. Ein Server für die eigene KI, der viel Rechenpower und Grafikkarten benötigt, kostet vielleicht 600 Euro im Monat. Oder nehmen wir das Thema Videokonferenzen. Wir alle kennen Skype, und viele arbeiten damit. Skype gehört seit 2011 zum Microsoft-Konzern. Da kann es dann schon mal passieren, dass dir plötzlich das Skype-Konto gesperrt wird, denn vielleicht hast du etwas gesagt oder geschrieben, was nicht »systemkonform« ist. So ist es vor einiger Zeit dem alternativen Journalisten Boris Reitschuster ergangen. Manche schlagen dann vor, zu Zoom zu wechseln, doch das ist keine überzeugende Alternative.

Auch Zoom ist ein börsennotierter Großkonzern, der in den letzten Jahren oft im Zentrum anhaltender Kritik wegen mangelnder Datensicherheit stand. Deshalb haben Anfang April 2020 Unternehmen und Regierungseinrichtungen in der ganzen Welt die Nutzung dieser Software durch ihre Mitarbeiter zeitweise verboten. Da muss ich einfach sagen, irgendwie sind die Menschen auch Masochisten. Wir erleben derartige Fälle seit 2020 ja massiv, und trotzdem werden diese Systeme von einer extrem hohen Zahl von Nutzern weiterhin verwendet. Aus meiner Sicht müssen wir uns wirklich freien, selbstgehosteten Lösungen zuwenden, und da gibt es tolle Alternativen wie Jitsi und für Videokonferenzen BigBlueButton. Die kann man sich einfach besorgen und so digital frei und unabhängig werden. Und das Schöne ist ja, dass es bei Open Source keine Lizenzgebühren gibt.

Wir sprachen schon von dem Prozess der Softwareentwicklung. Auf diesem Gebiet hast du jahrzehntelange Erfahrung. Wie muss man sich diesen Prozess vorstellen?

Softwareentwicklung ist ein hochkomplexer Prozess – so, als würde zum Beispiel Bosch eine neue Einspritzpumpe entwickeln. Ich brauche eine Vorausentwicklung, dann eine Weiterentwicklung und muss dabei immer auf Bedienerfreundlichkeit achten, also stets an den Nutzer denken. Dann folgt der eigentliche Produktionsprozess, denn sobald Software entwickelt worden ist, wird sie auch produziert. Dafür brauche ich eine Qualitätssicherung und am Ende einen Produktsupport für die, die anfragen. Und an dieser Stelle wird klar, dass so etwas eigentlich nur ein großes Unternehmen bereitstellen kann.

Organisiere ich all dies aber dezentral, habe ich einen Softwareentwickler, der anfängt, Software zu entwickeln, mit etwas Glück einen befreundeten Grafiker, der sich um die Oberfläche kümmert, und dann hört es auch schon auf. Und wer sorgt für die Qualitätssicherung? Die Community. Wer kümmert sich um den Support und darum, dass neue Features in die Software reinkommen? In diesem Prozess kann man mitarbeiten und mitgestalten. Das ist ein Privileg. Man muss sich nur der Komplexität des Themas bewusst sein. Ich empfehle immer, so etwas erst einmal im privaten Umfeld einzusetzen, weil da die Prozesse weniger komplex sind. Und wenn man damit privat zurechtkommt, kann man auch ins Unternehmen gehen.

Kommen wir zurück zum Freiheits-Handy. Ganz simpel gefragt: Was kann dieses Gerät?

Über meine Motivation, dieses Produkt zu entwickeln, habe ich eingangs schon berichtet. Das Handy ist so konzipiert, dass es die alltäglichen Bedürfnisse optimal abdeckt. Das Freiheits-Handy von Kopp verfügt über das vorinstallierte Betriebssystem GrapheneOS. Auch die alternativen App-Stores F-Droid und Aurora Store sowie der schnelle und sichere Webbrowser Brave sind vorinstalliert. Es bedarf also keiner IT-Vorkenntnisse. Es gibt auf diesem Handy keine Software mehr von den Großkonzernen, aber man kann natürlich sichere Apps installieren. Wie das geschieht, erfährt der Nutzer anhand von einfach nachvollziehbaren Video-Anleitungen, zu denen der Käufer dieses Handys natürlich kostenlosen Zugang erhält. Sichere Apps gibt es zum Beispiel in den Bereichen Karten & Navigation, Messenger, Mail-Programme, Musik-Player, Office- & PDF-Dokumente (Ersatz für Microsoft 365), Notizen & Aufgaben und so weiter. Aber jetzt bist du an der Reihe, Michael. Du bist seit Kurzem im Besitz eines Freiheits-Handys und, wenn ich dich selbst zitieren darf, nicht gerade eine IT-Koryphäe?

Das entspricht den nüchternen Fakten. Ich bin einfach froh, wenn mein Smartphone funktioniert.

Dann berichte doch mal, hattest du Probleme, die alternativen Apps zu installieren?

Zugegeben, am ersten Abend saß ich zunächst etwas ratlos im Hotel und kam nicht wirklich weiter. Aber man muss eben dranbleiben und sich das erklärende Video noch ein zweites oder drittes Mal anschauen. Dann fiel mir auf, dass ich bei einer App den zweiten Schritt vor dem ersten getan hatte. Also alles nochmal auf Anfang, doch dann ging alles im Handumdrehen. Nach einer knappen Stunde waren alle benötigten Apps installiert, und zur Heimfahrt am nächsten Tag konnte ich schon die App Karten & Navigation verwenden, ohne dass irgendein »Big Brother« erfuhr, wohin ich gerade unterwegs war. Sehr hilfreich ist natürlich, dass sowohl das Betriebssystem als auch der Browser vorinstalliert sind. Dadurch kann man sofort ins Internet starten. Auf das Thema Apps für das Freizeit-Handy gehen wir im zweiten Teil dieses Buches noch ausführlicher ein. Doch zunächst würde mich interessieren, welche sicheren Apps gibt es für den täglichen Bedarf?

Zum Beispiel den dezentralen Messenger für die sichere Kommunikation. Und es gibt Telegram, das ja sehr beliebt ist, allerdings nicht bei Leuten, die uns kontrollieren und lenken wollen. Telegram ist aber auch ein zentraler Dienst und zudem komplett unverschlüsselt. Wir bekommen im Moment, würde ich sagen, bei dem Übergang in eine neue Zeit viel Unterstützung durch Lösungen, die temporär da sind. Denn zentrale Systeme können ja nicht der Weisheit letzter Schluss sein.

Telegram ist wie gesagt zentral und wird von der Politik massiv angegriffen. Wir haben wohl alle mitbekommen, dass der Telegram-Gründer Pawel Durow im Spätsommer 2024 in Paris festgenommen und vorübergehend in U-Haft gesteckt wurde. Möglicherweise ist dieses Signal der besonderen Art angekommen, denn mittlerweile scheint auch Telegram mit der Zensur zu beginnen. Das sollte man in den nächsten Monaten mal aufmerksam verfolgen.

Dann haben wir Signal. Diese Software ist im Gegensatz zu Telegram komplett zu Ende verschlüsselt, ist aber eben auch noch eine zentrale Software. Ich muss also immer vertrauen, dass das, was der Anbieter mir verspricht, auch eingehalten wird. Mit Signal habe ich zumindest die Möglichkeit einer Ende-zu-Ende-Verschlüsselung. Woran erkenne ich das? Nun, wenn ich Telegram auf meinem Handy aufmache und es dann auf einem zweiten Handy und auf dem Computer öffne, dann habe ich die Nachrichten überall. Daran erkenne ich, dass nicht Ende zu Ende verschlüsselt wurde. Denn dann wäre es von einem Gerät auf ein anderes verschlüsselt, und ich könnte es nicht auch mit anderen Geräten öffnen.

Generell sollte man eine gesunde Portion Misstrauen walten lassen. Und da wird es mit Telegram schon schwierig. Aber auch mit Signal, weil ich darauf vertrauen muss, dass die ihre Verschlüsselung richtig aufgebaut haben. Und damit komme ich auf das Thema dezentrale Dienste zurück. Hier gibt es einmal diesen Session Manager Messenger, bei dem der Quellcode komplett öffentlich ist und die Daten alle dezentral im Netz gespeichert werden. Und es gibt die erwähnte Element Matrix, das ist ein hochverschlüsseltes Protokoll.

Kann ich als Nutzer irgendwie feststellen, ob richtig verschlüsselt wurde?

Nein, weil ich in den Server nicht reingucken kann, um festzustellen, was da im Hintergrund passiert. Es ist in der Tat reines Vertrauen.

WhatsApp hat fast jeder auf seinem Handy. Was ist davon zu halten?

Gar nichts, WhatsApp gehört zu Facebook, und der Facebook-Meta-Konzern ist datenfinanziert, und damit fällt es für mich raus. Und man hat ja auch in der Coronapandemie mitbekommen, wie unliebsame Nachrichten einfach verschwunden sind, manche konnten nicht weitergeleitet werden und so weiter. Mithin kann es keine Ende-zu-Ende-Verschlüsselung sein, weil sonst der Anbieter die Nachrichten nicht mitlesen und auswerten könnte. Ich glaube, ich habe schon 3 oder 4 Jahre kein WhatsApp mehr verwendet, weil da auch Werbung im Spiel ist. Und da die Werbung personalisiert ist, müssen die Daten ja ausgelesen werden.

Damit sind wir wieder bei den Babywindeln …

Ja, da kommen wieder die Babywindeln ins Spiel, und der Kreis schließt sich.

Was braucht man denn gar nicht auf dem Handy? Wir verschicken und empfangen unsere E-Mails, telefonieren, machen Fotos und Videos, schauen uns Filme an, hören Musik und so weiter. Umgekehrt gefragt: Auf was kann oder sollte man verzichten?

Wenn man Smartphone richtig übersetzt, handelt es sich um ein intelligentes Telefon, das sich nur auf das beschränkt, was der Mensch wirklich braucht.

Und das wäre?

Da hat wohl jeder seine eigenen Bedürfnisse und Vorlieben. Aber ich will an dieser Stelle einen anderen Aspekt in unser Gespräch einbringen. Es ist bekannt, dass ich im Gefängnis war und mir gezwungenermaßen eine digitale Auszeit von 9 Monaten »gegönnt« habe. Wer sich für die Hintergründe interessiert, kann diese im Buch *Richtigstellung!* nachlesen, das ich zusammen mit dem Rechtsanwalt Ralf Ludwig verfasst habe. In dieser Zeit dachte ich häufig darüber nach, wie Denken und Kreativität überhaupt funktionieren. Meiner Meinung nach vernebelt uns diese ganze Digitaltechnik permanent unsere Gehirne, sodass wir nicht mehr bei uns sind. Und deshalb will ich eigentlich, wenn ich ein Arbeitsgerät benutze, keine dieser **Empörungsmechanismen** haben, die von Social Media oft erzeugt werden und unser Nervensystem permanent unter Stress setzen.

Wir sind es ja gewohnt, dass schlechte Nachrichten in der Regel mehr Aufmerksamkeit erzeugen als gute. Gute Nachrichten werden weniger häufig gelesen als negative. Das heißt, wir sind eigentlich schon an die permanente Empörung gewöhnt, ob sie nun von Regierungsseite kommt oder von der alternativen Seite. Bisweilen gewinne ich den Eindruck, dass manche Empörungswellen von pawlowschen Reflexen ausgelöst werden.

Deshalb haben wir das Freiheits-Handy bewusst so strukturiert, dass wir wieder lernen, es als Arbeitswerkzeug zu verwenden. Das heißt, Telegram ist derzeit noch akzeptabel, gleiches gilt für X; aber die EU hat ja schon angekündigt, man müsse dagegen vorgehen, da es auf X zu viel Meinungsfreiheit gebe. Mal sehen. Wir haben Telegram »geschenkt« bekommen, um uns von 2020/2021 bis jetzt gut vernetzen und organisationsfähig halten zu können.

Das wird jetzt massiv abnehmen. Die EU hat ja apodiktisch verkündet, die größte Gefahr für die Gesellschaft wäre Desinformation, und deshalb müsse diese jetzt bekämpft werden. Das X-Verbot steht bereits im Raum, und wir haben einen Markus Söder, der gesagt hat, Telegram müsse unbedingt bekämpft werden. Wenn die bayerische Landesregierung so etwas hinausposaunt, dann werden die Geheimdienste und der sonstige Verwaltungsapparat vermutlich schon daran arbeiten, dass das irgendwann auch Realität wird.

Wir haben im Moment also Brückentechnologien, die uns helfen, den Übergang zu schaffen, müssen aber veränderungsbereit sein und mögliche Veränderungen engagiert annehmen und umsetzen.

Wohin führen diese Brücken?

In die dezentralen Dienste mit Handys, die nicht mehr oder nur mit viel Aufwand überwacht werden können. Zum Beispiel mit dezentralen KIs. Ich habe zum Beispiel kein Google Drive mehr, wo meine Daten in der Cloud liegen. Irgendwann hoffe ich wieder meine eigene Cloud zu haben, in der ich meine Daten speichern kann, das ist für mich wichtig, und so ist auch der Digitale Aktivist ausgelegt.

Wir haben drei Projektkomponenten: das Freiheits-Handy, die Freiheits-Cloud und den Freiheits-Laptop. Die brauche ich, um arbeitsfähig zu sein. Und ich möchte natürlich auch komfortabel arbeiten können und mich nicht kastrieren müssen. Wenn ich mit meinem Handy ein Foto mache, möchte ich, dass es auch schnell auf meinem Rechner ist, damit ich es weiterverarbeiten kann, anstatt erstmal einen USB-Stick in mein Handy stecken, das Bild auf den Stick kopieren und diesen dann in meinen Rechner umstecken zu müssen.

Das Freiheits-Handy ist die erste Komponente, die wir entwickelt haben. Wir machen das alles per Open Source und kostenlos. Daher ist hier Mitarbeit gefragt. Viele fragen, wann die Cloud und der Laptop fertig sind. Da ist immer noch die übliche Erwartungs- und Konsumhaltung im Spiel. Ich denke, wir müssen uns aus ihr lösen und sie durch eine Mitmachhaltung ersetzen.

Wie werde ich ein »freier Digitaler«?

Indem du zum Beispiel aufhörst, bei Google und Apple mitzumachen. Diese Großkonzerne generieren mit unseren Daten Profite. Sie haben in der Pandemie gezeigt, dass sie nicht auf unserer Seite, sondern auf der der Regierungen stehen, dass sie viel und gerne zensieren und Unmengen Geld verdienen. Für digitale Aktivisten haben wir ganz konkret drei Bausteine: den erwähnten alternativen Browser Brave statt des Mainstream-Browsers, unser Freiheits-Handy und Bitcoin als Zahlungsmittel. Das nenne ich digitale Freiheit, weil wir uns dadurch aus der Abhängigkeit befreien.

Das Freiheits-Handy wird auch von Schulungsvideos flankiert. Mit welchen Inhalten?

Es gibt vielleicht 10 000 Apps. Von denen haben wir für dieses Handy jene ausgesucht, die am datensparsamsten und benutzerfreundlichsten sind. Die kommen auf das Handy, und dafür drehen wir Schulungsvideos, um den Menschen den Umgang damit beizubringen. Jeder Kunde, der das Freiheits-Handy kauft, bekommt die Videos dazu. Es ist ein Kurs mit ungefähr 25 Videos, wobei jedes Video 3–8 Minuten dauert, sodass man nicht viel Zeit investieren muss.

Es geht vor allem um praktische Fragen wie: Ich habe kein WhatsApp mehr, was nehme ich denn nun als Ersatz? Ich habe kein Google Mail mehr oder kein *Web.de*, wie heißt mein neues E-Mail-Programm? Ich habe kein Google Maps mehr oder Apple Maps, wie heißt mein neues Navigationsprogramm und wie bediene ich es? Wie richte ich mein E-Mail-Programm ein?

Wie hole ich meine Kontakte vom alten aufs neue Handy? All das wird in diesen Videokursen beantwortet.

Welche Erfahrungen hast du mit den Workshops gemacht?

Wir haben in diesen Handy-Workshops extrem viele Erfahrungen gesammelt. Der Digitale Aktivist organisiert sich ja analog zu Querdenken. Und bei Querdenken haben wir unser Know-how immer an die lokalen Gruppen verschenkt. Zum Beispiel zum Thema: Wie veranstalte ich Demos unter Pandemiebedingungen? Es gibt jetzt beim Digitalen Aktivisten auch eine Form, wie man das Wissen in der Realität verarbeitet. Aus diesen Themen heraus ergibt sich dann eine Rückschleife. Und wir haben Supportgruppen. Dort bekommen wir wenige Nachrichten, und daran sieht man ja, dass es gut funktioniert.

Du sagtest, Bitcoin ist auch ein großes Thema. Speziell Bitcoin oder alle Kryptos?

Nein, speziell Bitcoin. Denn es gibt nur eine dezentrale Kryptowährung, und das ist Bitcoin.

Sind die anderen nicht dezentral?

Ich möchte hier, in diesem Buch, kein Fass aufmachen. Aber man sollte sich immer Folgendes überlegen, und das wäre mein Tipp: Wenn ich Dezentralität überprüfen möchte, frage ich mich, wo ich die Software runterladen kann, wo ich den Quellcode sehe, wie ich sie selber installieren kann. Wenn ich sie nicht selbst installieren kann, weil entweder die Hardwareanforderungen so groß sind oder ich die Software gar nicht bekomme, dann ist sie für mich nicht dezentral. Damit stellt sich auch die Frage, was dezentral genau bedeutet. Den **Dezentralitätsbegriff** würde ich wie folgt definieren:

- Wenn eine Software Open Source ist, muss ich den Quellcode anschauen können.
- Sie muss mit wenig Aufwand auf meinem eigenen Rechner installierbar sein.
- Sie muss über entsprechende Verschlüsselungstechnologien verfügen.

Und wenn mein Rechner kaputtgeht, dann muss ich diese Daten wiederherstellen können. Wenn etwas in einer Blockchain gespeichert ist, dann kann nichts verloren gehen und ich muss mit meinem Schlüssel alles wiederherstellen können. Das sind die Schritte, die ich bei jedem Projekt durchgehe. Ich erhalte ja viele Infos von vielen Menschen. Und meine erste Frage lautet immer: Wo kann ich den Quellcode runterladen? Mit dieser Frage sind viele Dialoge schon beendet.

Wenn man den Quellcode hat, schau ich, ob ich die Software selbst installieren kann. Je nachdem, welche Pakete es gibt, probiere ich sie aus. Gehe ich nun von dem Ansatz »Privatsphäre und Misstrauen zuerst« aus, dann muss ich mir leider die Arbeit machen, die Systeme sehr genau anzuschauen. Wenn man softwareaffin ist, kann man daran sogar Freude haben.

Im nächsten Schritt kann ich zum Beispiel erkennen, ob es ein Downloadpaket gibt, wie groß es ist und welche Voraussetzungen es erfordert. Brauche ich auf einmal einen Rechner, der 10 000 Euro kostet, nur um einen Ethereum-Node betreiben zu können, stellt dies aus meiner Sicht für diese Kryptowährung eine Markteintrittshürde dar. Dezentralität heißt ja auch, dass es inkludierend ist, dass es also jeder verwenden kann und es nicht vom Einkommen und meiner sozialen Struktur abhängig ist. Und das ist, wie ich finde, bei Bitcoin perfekt umgesetzt. Diese dezentralen Eigenschaften erscheinen mir grundsätzlich wichtig, nicht nur im Zusammenhang mit dem Bitcoin.

Wir sprechen über digitale Freiheit. Den digitalen Part dieses Begriffes haben wir schon ausführlich behandelt. Wie definierst du generell den Begriff Freiheit?

Diese Frage ist sicher wichtig und gehört zu unserem Thema. Was heißt eigentlich Freiheit, und wann bin ich wirklich frei? Frei bin ich meiner Meinung nach, wenn ich zu jedem Zeitpunkt in meinem Leben über meine Lebenszeit entscheiden kann. Der 2012 verstorbene Unternehmer, Sozialphilosoph und libertäre Autor Roland Baader brachte es schon 1991 auf den Punkt. Ich darf ihn an dieser Stelle zitieren: »Jeder Mensch hat nur ein Leben auf Erden, und diese Zeit, diese seine einzige Lebenszeit, ist unendlich kostbar. Jeder Tag, den er in Zwang und Vormundschaft, in Lüge und Manipulation verbringen muss, jede Stunde, die er nach falschen Zielen und Illusionen leben muss, ist verlorenes Leben. Zeit ist unser einziges unwiederbringliches Eigentum, ist – wie Seneca sagt – das Einzige, was selbst der

Dankbarste nicht zurückgeben kann. Und Lebenszeit, in Unfreiheit und unter unwürdiger Funktionärsverwaltung verbracht, ist geraubte Zeit, ist vorgezogener Tod.«[56]

Freiheit bedeutet also vor allem selbstbestimmt statt fremdbestimmt?

Genau, deshalb bin ich ja auch Unternehmer und war nur in meiner Ausbildungszeit angestellt. In einem Angestelltenverhältnis, wo mir jemand anderes diktiert, wann ich wo zu sein und wie ich meine Lebenszeit zu verbringen habe, kann ich nicht auf kreative Weise tätig sein. Und das ist für mich die Grundlage der Freiheit. Daran sieht man natürlich auch, dass viele Menschen in Deutschland nicht frei sind, weil sie in einem abhängigen Arbeitsverhältnis stecken.

Zu diesem Freiheitsbegriff gehört auch, dass mir niemand meine Lebenszeit stiehlt, indem er mir 80 Prozent dieser Zeit über Steuern und Abgaben wieder wegnimmt. Und so weit sind wir ja, wenn man alle Steuern und Abgaben berücksichtigt, also nicht nur die Einkommens- und Mehrwertsteuer. In Deutschland gibt es bei Bund, Ländern und Gemeinden rund vierzig Steuerarten. Das reicht von der Mineralölsteuer, der Kfz-Steuer, der Sekt-, Bier- und Kaffeesteuer über die Energie- und Stromsteuer bis hin zur Vergnügungs-, Grund- und Hundesteuer. Und diese Liste ist nicht annähernd vollständig. Hinzu kommen noch die kommunalen Abgaben. Und wenn man ein bisschen ins Geldsystem einsteigt, sieht man auch, dass einem über die Inflation Geld und damit letztlich investierte Lebenszeit geraubt wird. Natürlich gibt es viele, die Angestellte oder Beamte – eben

Befehlsempfänger – bleiben wollen, und damit kommen wir zum Problem der Bürokratieapparate. Das ist zwar ein anderes Thema, aber als Randaspekt interessant, weil wir über digitale Freiheit sprechen und der Freiheitsbegriff auch im nichtdigitalen Leben inkludiert ist.

Das Handy sollte Teil der Privatsphäre sein (Teil 2)

- Weshalb Sie die Hoheit über Ihre eigenen Daten bewahren sollten
- Das richtige Mindset für die Zeitenwende
- Weg von der Fremdbestimmung – hin zur Selbst- und Eigenverantwortung
- Die gefährlichsten Angriffsvektoren und wie Sie sich davor schützen
- Die Trägheit überwinden und motiviert die Privatsphäre verteidigen

Michael Brückner: *In diesem zweiten Teil unseres Gesprächs werden wir – neben anderen spannenden Themen – näher auf das Freiheits-Handy eingehen. Wie können potenzielle Käufer konkret vorgehen?*

Michael Ballweg: Es gibt drei Möglichkeiten, wie Sie zu Ihrem Freiheits-Handy kommen können, je nachdem, wie viel Unterstützung Sie benötigen und wie selbstständig Sie den Prozess gestalten möchten:

1. **Handy kaufen, selbst flashen und installieren:**
Mit unseren **Video-Schulungen**, die in Zusammenarbeit mit dem Kopp Verlag und dem Digitalen Aktivisten entwickelt wurden, können Sie Ihr Google Pixel selbst zu einem Freiheits-Handy machen. Sie lernen, wie Sie das Betriebssystem GrapheneOS selbst flashen, also auf Ihr Handy laden, und damit das alte Betriebssystem überschreiben und alles Nötige installieren. Diese Option bietet Ihnen volle Selbstständigkeit und ist perfekt für Technikaffine, die gerne alles selbst in die Hand nehmen.
2. **Handy über den Kopp Verlag kaufen und selbst installieren:**
Die einfachere Lösung ist es, ein bereits mit GrapheneOS vorinstalliertes Freiheits-Handy über den Kopp Verlag zu erwerben. Hier sind die schwierigsten Schritte bereits erledigt, die restlichen Schritte können Sie mithilfe unserer **Video-Schulungen** ganz einfach selbst durchführen. Am besten tun Sie dies gemeinsam mit einer Gruppe, so können Sie sich gegenseitig unterstützen.
3. **Handy kaufen und sich vom Digitalen Aktivisten vor Ort schulen lassen:**
Für diejenigen unter Ihnen, die lieber unter Anleitung eines Trainers vor Ort lernen möchten, bieten wir Workshops beim Digitalen Aktivisten an. Hier werden Sie Schritt für Schritt an die Hand genommen und installieren Ihr Freiheits-Handy gemeinsam mit anderen Teilnehmern. Diese Option bietet Ihnen nicht nur praktische Unterstützung, sondern auch die Möglichkeit, sich mit Gleichgesinnten zu vernetzen.

Für welchen Weg auch immer Sie sich entscheiden, Sie tun einen wichtigen Schritt in Richtung digitale Unabhängigkeit.

Sollten potenzielle Interessenten noch nicht völlig davon überzeugt sein, das Freiheits-Handy zu kaufen und dann natürlich auch zu verwenden, denn darauf kommt es ja an, welche Argumente würdest du ins Feld führen?

Ich bin natürlich kein Werbetexter, daher möchte ich mich an dieser Stelle auf die Produktvorteile beschränken, also welchen konkreten Nutzen dieses Handy bringt. Wie ich an anderer Stelle schon sagte, kommt es aus meiner Sicht darauf an, dem digital-finanziellen Komplex die Daten zu entziehen und die Überwachungskosten für die Geheimdienste in die Höhe zu treiben. Darüber hinaus geht es darum, die Hoheit über die eigenen Daten zu besitzen und sich von den bestehenden Systemen unabhängig zu machen. Und es gilt, das Internet wieder so zu nutzen, wie es ursprünglich einmal gedacht war, nämlich als dezentrales System zur Informationsübertragung. Das Freiheits-Handy ist ein digitales Werkzeug, um die neue Welt der digitalen Freiheit mitzugestalten. Man muss die Menschen für dieses wichtige Thema sensibilisieren und ihre Aufmerksamkeit wecken. Das Freiheits-Handy bringt hier einen Motivationsschub, da die schwierigen Schritte bereits erledigt sind.

Nun werden sich unter dem Begriff »Freiheits-Handy« nur die wenigsten Menschen etwas vorstellen können; es sei denn, sie haben das vorliegende Buch bereits gelesen …

Oh doch, sie können sich sehr wohl etwas unter diesem Handy vorstellen. Ich habe es ja bereits auf unserer Demo im August 2024 in Berlin präsentiert.

Mit welcher Resonanz?

Mit einer sehr guten Resonanz. Insofern bin ich optimistisch, dass sich eine möglichst große Zahl von Menschen dieses Handy kauft und damit einen wichtigen Schritt in Richtung digitaler Freiheit unternimmt. An unserer Demo nahmen rund 25000 Leute teil. Das zeigt mir: Die Menschen sind bereit für die Veränderung. Sie nehmen schon wahr, dass da Dinge passieren, die alles andere als gut sind. Das beginnt mit der Coronapolitik und deren Folgen und reicht bis zum Datenmissbrauch und dem Bestreben, den »gläsernen Bürger« zu schaffen, ihn zu konditionieren und zu steuern. Wir leben in einer Zeitenwende, und ich glaube, das spürt jeder. Es stellt sich nur die Frage: Mit welcher Geisteshaltung begegne ich den Herausforderungen, die sich aus dieser Zeitenwende ergeben? Habe ich Freude an ihnen oder empfinde ich sie als Last? Ich persönlich habe mich entschieden, das Leben als Abenteuer zu begreifen und Freude daran zu haben.

Das Handy, über das wir sprechen, ist also nicht nur ein wichtiges Tool, um zur digitalen Freiheit zu gelangen, sondern soll auch Freude bereiten?!

Durchaus. Aber jeder sollte vorgehen, wie er mag. Wenn man zum Beispiel Menschen in seinem Umfeld kennt, die sich ebenfalls ein

Freiheits-Handy kaufen, kann man sich zu einer Gruppe zusammentun und sich einen schönen Ort suchen, um dort die Möglichkeiten dieses Geräts in der Praxis zu erleben und Erfahrungen und Tipps auszutauschen. Natürlich kann ich mich auch daheim vor den Rechner setzen und das im Eigenstudium ganz allein machen. Ich glaube, ganz wichtig ist, dass man das Thema der digitalen Freiheit, in das das Handy einen wichtigen Einstieg bietet, wirklich mit Freude angeht. Denn wer sich nicht aktiv verändert, der *wird* eben verändert – zwangsverändert.

Wenn die erwähnte digitale Zentralbankwährung kommt und ich mich nicht mit Alternativen wie etwa Bitcoin darauf vorbereitet habe, dann bin ich ihr ausgeliefert, ob ich will oder nicht. Und wenn auf den handelsüblichen Handys irgendwann einmal zwangsweise Zensurtools installiert werden, dann muss man sich klarmachen, dass man ein solches Handy in der Tasche hat. Es sei denn, man entscheidet sich für ein Freiheits-Handy. Was man mit kleinen mobilen elektronischen Endgeräten alles anstellen kann, das hat die israelische Cyberattacke im Libanon im September 2024 deutlich gezeigt. Erinnern wir uns: Sogenannte Pager, also die Vorgänger unserer heutigen Handys, waren an mutmaßliche Terroristen ausgeliefert und zuvor präpariert worden, sodass Tausende dieser Geräte zur gleichen Zeit explodierten. Es gab viele Tote und Tausende von Verletzten. Ich möchte an dieser Stelle diese offenkundige Geheimdienstoperation gar nicht kommentieren, dazu hat sicher jeder seine eigene Meinung. Interessant erscheint mir aber die Aussage des früheren CIA-Direktors Leon Panetta, der sagte, dass Angriffe wie die Pager-Attacke »das Schlachtfeld der Zukunft« sein würden.[57]

Irgendwann werden die Smartphones also nicht nur mobile Wanzen, sondern auch potenzielle Waffen sein.

Du sprachst von der Zeitenwende. Nun warst du ja viele Jahre lang ein erfolgreicher Unternehmer und Softwareentwickler. Wann wurde für dich diese Zeitenwende spürbar, was war der Auslöser und wann wurdest du aktiv?

Lass mich zuerst den unternehmerischen Gedanken voranstellen. Unternehmer sein heißt ja, dass man Dinge unternimmt und dann schaut, wie sie sich entwickeln. Sie können scheitern, aber auch erfolgreich sein. Dies gilt auch für den privaten Bereich, denn auch im Kleinen kann man Unternehmer sein, das heißt Dinge unternehmen, an denen man Freude hat. Und dafür muss man handlungsfähig sein. Die entscheidende Frage ist also: Wie bleibt man in Zeiten wie diesen handlungsfähig? Ich muss zugeben, dass auch ich lange gebraucht habe, bis ich ins Handeln gekommen bin. Eigentlich hätte man spätestens 2014 reagieren müssen, als Edward Snowden enthüllte, wie mindestens seit 2007 – vor allem in den USA, aber auch in anderen Staaten – in großem Umfang die Telekommunikation und insbesondere das Internet global und verdachtsunabhängig überwacht werden. Aber dann kam einem der Gedanke in die Quere, das betrifft mich ja alles nicht, ich mache ja nichts Illegales. Man war in seinem Unternehmerhamsterrad gefangen und hatte Familie und Kinder. Außerdem hat man bekanntlich nur eine begrenzte Lebenszeit. Und so lässt man eben Dinge geschehen, nimmt sie schicksalsergeben hin.

Auch jetzt gerade wissen wir, wo es bis 2030 hingehen soll. Der »Great Reset«, also der große Umbau, ist in vollem Gange. Initialzündung und Turbo war Corona, wo sehr schnell klar wurde, wie sich eine globale Ausnahmesituation dazu instrumentalisieren lässt, den Menschen Angst einzujagen und sie gefügig zu machen. Das gelang aber glücklicherweise nicht bei allen. Die Hunderttausenden von Teilnehmern an unseren Querdenkendemos zeigten, wie ich finde, dass sich längst nicht jeder von einer selbst ernannten politischen, wirtschaftlichen und medialen Elite manipulieren und drangsalieren lässt. Schon damals skizzierte WEF-Gründer und -Chef Klaus Schwab seine Vorstellung von einer neuen Weltordnung: Es werde eine »neue Normalität entstehen, die sich radikal von jener unterscheidet, die wir nach und nach hinter uns lassen werden«.[58] Die Frage ist doch, ob wir diese unsere Zukunft von Gremien und Organisationen wie dem Weltwirtschaftsforum unter dem Stichwort »Great Reset« gestalten lassen möchten oder ob wir, die Bürgerinnen und Bürger, die Dinge in die Hand nehmen. Menschen, die eben nicht stromlinienförmig denken, sondern querdenken. Wohin die Reise geht, zeigt sich überall. Wir sehen Staaten, die schon weiter sind, und Staaten, die weniger weit sind. Aktuell wird zum Beispiel in unserem Nachbarland Österreich das Thema digitaler Impfpass ausgerollt. Doch auch in der EU wird nun ein Pilotprojekt gestartet.

Am Ende muss jeder entscheiden, wann der Zeitpunkt erreicht ist, ab dem er nicht mehr mitmacht und sagt, jetzt ist für mich persönlich die rote Linie überschritten; deshalb übernehme ich die Verantwortung für mein Leben jetzt wieder selbst und lasse mich nicht mehr fremdbestimmen, sondern kümmere mich aktiv um Alternativen. Und ein einfacher Einstieg in diese neue Lebensphilosophie ist das Freiheits-Handy. Man muss es nur bestellen und einrichten und kann viel Freude daran haben, nicht mehr von Google, Apple und Co. abhängig zu sein und Big Brother ein Schnippchen zu schlagen. Von ihnen unabhängig zu sein und ihnen nicht mehr freiwillig oder gedankenlos persönliche Daten zukommen zu lassen, stärkt die Resilienz gegen staatliche Überwachung und Bevormundung.

Du erwähntest, dass sich die Nutzer des Freiheits-Handys vernetzen können. Welche Rolle spielt bei der Erlangung der digitalen Freiheit die Vernetzung?

Netzwerke und lokale Strukturen aufzubauen ist sehr wichtig. Und das passiert ja in vielen Bereichen schon. Zum Beispiel im homöopathischen Bereich – Homöopathie soll ja auch verboten werden – sind viele sehr gut vernetzt. Dass wir in der Freiheitsbewegung beim Thema IT-Technik dagegen unterrepräsentiert sind, ist offenkundig. Außerdem bezahlen die Großkonzerne für IT-Fachleute Höchstgehälter, sodass diese aus der dezentralen Bewegung raus sind und ihr Wissen nur dort einbringen. Doch ob vernetzt oder Einzelkämpfer – wichtig ist die Geisteshaltung in dieser Zeit. Bin ich mit dem, was gerade passiert, einverstanden oder nicht? Und da sind wir wieder beim Freiheitsbegriff. Wenn ich selbst entscheiden möchte, wie ich meinen Tag gestalten will, dann kann ich eigentlich nur sagen: Bevor mich das System so verändert, wie das System mich haben möchte, begebe ich mich lieber aktiv in die Veränderung.

Kommen wir auf Computer und Smartphones zurück. Wir wollten noch über die sogenannten Angriffsvektoren sprechen, weil das bestimmt von ganz konkretem Nutzwert für unsere Leserinnen und Leser ist. Vielleicht zunächst eine Begriffsdefinition. Was versteht man unter Angriffsvektoren?

Ein **Angriffsvektor** bezeichnet in der IT-Sicherheit die Methode oder den Weg, über den ein Angreifer versucht, in ein Computersystem, Netzwerk oder eine Anwendung einzudringen, um unerlaubten Zugriff auf Daten zu erhalten oder Schaden anzurichten. Es handelt sich also um die Schwachstelle oder den Weg, den ein Hacker nutzt, um eine böswillige Handlung durchzuführen. Angriffsvektoren können vielfältig sein und basieren oft auf technischen Schwachstellen, menschlichen Fehlern oder einer Kombination aus beidem.

Welches sind die wichtigsten beziehungsweise die gefährlichsten Angriffsvektoren, und was kann auch ein Nicht-IT-Experte gegen sie unternehmen?

Generell ist es auch im IT-Bereich wichtig, dass ich mich auf die richtigen Prioritäten fokussiere. Viele beschäftigen sich zuallererst mit Tor-Browsern und Proxys[59] oder mit Virtual Private Network – kurz VPN –, anstatt zunächst an die wesentlichen Dinge zu denken. Sie beschäftigen sich also mit komplexen Dingen, die sie möglicherweise gar nicht wirklich verstehen. Da ist oft viel Halbwissen im Umlauf. Für mich gibt es aber ein paar andere Dinge, die eine viel wichtigere Basis für die Datensicherheit bilden. Das heißt im Klartext: Bevor ich mich mit dem Tor-

Netzwerk[60] beschäftige oder mit VPN, sollte ich darauf achten, dass ich mein System regelmäßig aktualisiere.

1. **Aktualisieren Sie regelmäßig das Betriebssystem und die Anwendungen (Apps)**
   Während unserer Schulungen entdecke ich bei den Teilnehmern häufig sehr viele uralte Systeme. Die weisen naturgemäß erhebliche Schwachstellen auf und können daher ganz leicht infiltriert werden. Das heißt: Wenn ich dieses Freiheits-Handy habe, ist ein wichtiger Punkt, dass ich mich regelmäßig um Updates kümmere und darauf achte, dass mein System aktuell ist.
2. **Sichern Sie Ihre PIN. Ihr Handy. Ihre Daten.**
   Nach wie vor verwenden viele User ihr Geburtsdatum oder eine Mustererkennung als PIN. Beides ist sehr unsicher. Mein Rat an alle ist schlicht und einfach: Verwenden Sie niemals Ihr Geburtsdatum als PIN. Auch nicht das Ihrer Partnerin beziehungsweise Ihres Partners oder das Ihrer Kinder. Man sollte sich tatsächlich eine sechsstellige PIN ausdenken. Wohlgemerkt keine *vier*stellige, sondern eine *sechs*stellige.
   Viele lassen auch ihre Kinder an ihr Handy heran. Wenn ich ein sicheres System haben möchte, ist das aber kontraproduktiv, da ich ja nicht weiß, was die Kinder auf meinem Handy installieren. Zum Beispiel werden irgendwelche Spiele aufs Handy installiert, was dazu führt, dass man am Ende wieder irgendeine Überwachungssoftware auf dem Gerät hat. Man sollte sich immer vergegenwärtigen: Ein Handy ist ein Kom-

munikationssystem, und dieses Kommunikationssystem muss man schützen. Das mache ich eben dadurch, dass ich klar und deutlich sage: »Mein Handy gehört mir.« Oder: »Mein Handy ist Teil meiner Privatsphäre.« Natürlich können wir jetzt darüber diskutieren, wie viel Privatsphäre es in einer Familie gibt. Aber mein Lebensmodell sieht nicht vor, dass ich mein gesamtes Innenleben permanent anderen Menschen offenlege. Mein Handy gehört mir. Das ist meine Einstellung. Natürlich kann jeder individuell entscheiden, ob er sein Handy mit dem Partner oder den Kindern teilt. Meine Empfehlung ist aber, es nicht zu tun.

Das ist eben eine Frage des Vertrauens.

Absolut. Da bin ich wieder bei meinem Grundprinzip, bei der IT. Was mein IT-System angeht, vertraue ich niemand anderem als mir selbst. Und damit bin ich beim Thema Eigenverantwortung. Ich bin für meine Daten verantwortlich, und dazu gehört dann auch, dass sie nur mir gehören und nicht geteilt werden.

3. **Sichere Passwörter & Software zur Passwortverwaltung (Passwortmanager)**
   Und schließlich gibt es noch das bereits angesprochene und sensible Thema Passwort. Entweder das Passwort ist unsicher – Stichwort: Geburtstag – oder es wird mehrfach verwendet. Für jedes System, das ich benutze, ob es eine Website, mein Bankkonto oder meine pri-

vate Cloud ist, brauche ich ein eigenes Passwort, das idealerweise auch zufallsgeneriert ist. Um diese Passwörter zu verwalten, gibt es wunderbare Passwortmanager, die sich dann im Optimalfall, wenn es komfortabel ist, auch auf verschiedenen Geräten automatisch synchronisieren – hochverschlüsselt, sodass ich mein digitales Leben über einen solchen Passwortmanager verwalte. Man kann auch dazu übergehen, dass man die gleichen Passwörter verwendet, dann sollte man aber zumindest eine MFA verwenden.

Zum besseren Verständnis: Was versteht man unter MFA?

MFA heißt Multi-Faktor-Authentifizierung oder auch Zwei-Faktor-Authentifizierung. Nachdem ich meinen Benutzernamen und mein Passwort eingegeben habe, brauche ich zusätzlich noch eine Zahlenkombination, die auf einem anderen Gerät erzeugt wird. Das kennt man noch von der Bank, da hatte man eine TAN-Liste, die man abstreichen musste. Das ist auch ein gängiger Weg. Denn selbst wenn jemand mein Passwort und meinen Benutzernamen entwendet, kann er sich nicht in das System einloggen, weil auf diesem noch eine weitere Sicherheitsebene liegt. Und zu all diesen Anforderungen und Themen haben wir Videos gedreht, außerdem bietet das Freiheits-Handy dafür Lösungen. Erst wenn ich das sicher umgesetzt habe, kann ich mich auch gerne mit VPN, Tor-Browsern und so weiter beschäftigen. Lass mich also die drei häufigsten Angriffsvektoren noch einmal plakativ zusammenfassen:

1. Veraltete Systeme (Abhilfe: regelmäßige Updates).
2. Keine MFA (Multi-Faktor-Authentifizierung). Man sollte eine MFA mit der Software AEGIS verwenden. AEGIS ist eine Open-Source-App für die Verwaltung der Zwei-Faktor-PIN.
3. Unsichere Passwörter (Passwortmanager verwenden).

Lass mich bitte an dieser Stelle noch etwas zu Telegram sagen. Zur generellen Sicherheit von Telegram und seiner Verschlüsselung habe ich mich schon an anderer Stelle geäußert. Nehmen wir einmal an, eine bestimmte Plattform wird zensiert. Dann versuchen viele, diese Maßnahmen zu umgehen, verbleiben aber im System. Sie verwenden zum Beispiel einen Proxy oder ein VPN und greifen dann über ein anderes Land zu. Sie verlassen also das System nicht, anstatt sich zu sagen: Dieses System ist jetzt auf dem absteigenden Ast, folglich muss ich mich wieder an etwas Neues machen. Das haben viele 2020 geschafft, als sie Telegram installierten. Es ist wichtig, ständig am Ball zu bleiben und jedes Jahr zu schauen, welche Systeme noch sicher sind. Und die verwende ich dann eben.

Nun mag es sicher ein paar unbedarfte Menschen geben, die nach dem Motto leben, »ich habe nichts zu verbergen«. Doch die meisten dürften Wert auf den Schutz ihrer Privatsphäre legen. Warum aber zaudern manche Menschen, die notwendigen Schritte hin zur digitalen Freiheit zu unternehmen? Liegt das einfach an mangelnder Motivation?

Das ist häufig Trägheit. Sich aktiv für seine Privatsphäre einzusetzen, geht zunächst einmal auf Kosten der Bequemlichkeit.

Doch wenn wir den derzeitigen Kurs der Einschränkung unserer Privatsphäre weiter mitmachen, dann geht dies auf Kosten unserer Freiheit. Abgesehen davon hat sich der Kopp Verlag ja entschlossen, es seinen Kunden so bequem wie möglich zu machen. Auf beiden Geräten – Google Pixel 7a und 8 – haben wir wichtige Funktionen wie das Betriebssystem GrapheneOS und den Webbrowser Brave vorinstalliert. Wenn ich aber überhaupt keine Affinität zu den Themen Datensicherheit und Wahrung der Privatsphäre habe, dann weiß ich natürlich auch nicht, wo ich Alternativen zu meinen Altgeräten und der Google- und Apple-Abhängigkeit finden kann. Viele fragen sich: Welche Quellen und Anbieter sind wirklich seriös, welchen kann man vertrauen? Denn diese Quellen werden nur selten bekannt gemacht. Die Vorstellung, selbst nach solchen Alternativen suchen zu müssen, stellt für manche schon eine Einstiegsbarriere dar. Daher soll dieses Buch eine Einstiegshilfe ins Thema sein.

Du sagtest an anderer Stelle – und ich teile diese Meinung ausdrücklich –, dass Zeit eine knappe Ressource und daher unendlich kostbar ist. Menschen, die unter Stress stehen, setzen zeitliche Prioritäten. Und da kommt der Sicherung der Privatsphäre oft nicht die erste Priorität zu. Anders ausgedrückt: Wenn mir die Zeit fehlt, werde ich eher geneigt sein, eben doch noch ein paar Monate mit Google zu arbeiten. Ist das nicht verständlich?

Ich sehe das anders, man sollte irgendwann beginnen, sich mit diesen wichtigen Themen zu befassen. Sonst rutschst du in die gefährliche Aufschieberitis ab, bei der andere Dinge immer wichtiger sind.

Das ist richtig. Aber es gibt eben Dinge, die im Augenblick vielleicht eine höhere Priorität haben.

Darf ich mal provokativ fragen, warum die Privatsphäre für dich keine Priorität hat?

Doch, hat sie schon ...

Nein, denn dann würdest du ja kein Google mehr verwenden. Mehr Bewusstsein für die Privatsphäre zu schaffen ist eine wichtige Aufgabe. Und aus diesem Bewusstsein entsteht dann auch die Fähigkeit zu priorisieren und zu handeln. Zwar ist die Lage noch nicht so krass und brutal wie in Orwells *1984*, aber Überwachung ist heute ein großes Problem. Ich sehe sie überall, und es spielt keine Rolle, wie »schmackhaft« wir diese Überwachung gemacht bekommen, denn wir stimmen ihr die meiste Zeit zu. Wir klicken auf den kleinen »Ja, einverstanden«-Button, erhalten kostenlose Produkte, und irgendwie gefällt uns das. Die Auswirkungen der Überwachung auf das Gesellschaftsgefüge sind genauso tiefgreifend wie die Dystopie *1984*. Und deshalb ist es wichtig, sich damit zu beschäftigen. Darüber hinaus müssen wir sicherstellen, dass wir uns der Konsequenzen einer Welt ohne Privatsphäre vollständig bewusst sind.

Schmackhaft gemacht werden soll uns auch eine Welt ohne Bargeld. Auch wenn viele einflussreiche Organisationen, Regierungen und Konzerne kräftig die Werbetrommel rühren, gelten gerade die

Deutschen und Österreicher mehrheitlich als Befürworter von Bargeldzahlungen. Hier scheint mir also ein Bewusstsein vorhanden zu sein – oder?

In der Tat. Für Bargeld haben viele ein Bewusstsein. Sie wissen, was die Verwendung von Bargeld für die Privatsphäre bedeutet. Nicht zuletzt, weil es oft eine große Hürde ist, in den digitalen Bereich umzusteigen. In der analogen Welt habe ich immer die haptische und soziale Seite mit dabei, was in der digitalen Welt eben nicht der Fall ist. Dort haben viele wortwörtlich kein Gefühl dafür, was passiert, wenn sie bestimmte Dinge tun. Bei Bargeld hingegen ist das klar: Ich bezahle meine Rechnung, indem ich dir Geld gebe, und weiß, dass es anonym ist. Ich muss nicht einmal wissen, wie du heißt. Bei den E-Mails aber, die man verschickt, kann man sich nicht vorstellen, dass man überwacht wird und alles mitgelesen wird – und die Großkonzerne auf all diese Daten Zugriff haben. Also ich möchte nicht wissen, wie viele Beziehungsprobleme und Eheverträge und was weiß ich dort alles verschickt werden. Die Leute geben in E-Mails praktisch ihr Innerstes preis. Beim Postgeheimnis dagegen reagieren wir sensibel, und niemand würde auf einer Postkarte alles preisgeben oder einen Brief unverschlossen verschicken. Beim Brief ist das Bewusstsein also da. Eine E-Mail ist aber wie eine Postkarte ohne Umschlag: Jeder kann sie lesen.

Die Software des Freiheits-Handys wird ja in Kapitel 4 vorgestellt. Nun habe ich noch eine Frage zur Hardware: Der Kopp Verlag bietet zwei Geräte an, wo liegen die Unterschiede?

Das Betriebssystem von GrapheneOS unterstützt als Hardware derzeit nur Google-Pixel-Geräte. Der Verlag hat sich zum einen für das Google Pixel 7a entschieden, das ist ein Einsteigermodell zum Preis von 599 Euro (Stand 2024). Dieses Gerät hat alle Vorteile des Freiheits-Handys, verfügt also insbesondere über das erwähnte Betriebssystem GrapheneOS. Darauf können auch alle alternativen Apps installiert werden. Wie das funktioniert, erfährt der Käufer in einem nicht allzu langen Video-Lehrgang, zu dem er kostenlosen Zugang erhält. Das Modell Pixel 8 für 899 Euro (Stand 2024) bietet einen weiteren Vorteil. Es ist nämlich das erste Gerät, das einen Chip der ARMv9-Architektur verwendet, der zusätzliche Sicherheitsmaßnahmen mit sich bringt und so eine ganze Reihe verbreiteter Attacken verhindern kann, was GrapheneOS gleich aktiv für sein Betriebssystem nutzt. Das günstigere Gerät hat einen Speicher von 128 GB, das Pixel 8 einen von 256 GB.

Anhang

Nüchtern betrachtet, lässt es sich nicht bestreiten, dass unsere digitale Freiheit von mehreren Seiten gleichzeitig bedroht wird. Überall lauern Datenjäger, und viele unter uns machen ihnen das Leben allzu leicht. Deshalb möchte ich am Ende dieses Buches ein paar Themen aufgreifen, die über das Freiheits-Handy hinausgehen, mir aber wichtig erscheinen.

Anhang I: Handy-Apps und der Datenhandel

Das fragwürdige Milliardengeschäft der Datenhändler

Man bekommt im Leben nichts geschenkt. Und die vermeintlichen Geschenke erweisen sich früher oder später als ernüchternde Lebenserfahrungen, die einen teuer zu stehen kommen. Seien Sie also auf der Hut, wenn Ihnen irgendjemand etwas gratis anbietet – gerade, wenn es um Ihre Daten und Ihre Privatsphäre geht. Denn Sie bezahlen dafür nicht mit Geld, sondern mit Ihren Daten, und machen sich für kleine Vorteile freiwillig zum gläsernen Menschen. Ihre persönlichen Daten, ihre Konsumgewohnheiten und Freizeitpräferenzen, ja sogar ihre Finanz-

und Gesundheitsdaten und vieles andere mehr finden gleichsam Eingang in ein öffentlich zugängliches elektronisches Buch, aus dem sich jeder, der sich dafür interessiert, die für ihn nützlichen Informationen herausfiltern kann.

Der Handel mit Daten, auch Databroker Files genannt, ist ein weltweites Milliardengeschäft und funktioniert in etwa folgendermaßen: Um sich einen minimalen Preisvorteil zu sichern, nutzen Sie beim Einkauf Rabattkarten, also Payback & Co. Hinter Payback steht der US-amerikanische Kreditkartenkonzern American Express. Mit der Nutzung dieser Rabattkarte geben Sie zahlreiche individuelle Informationen preis, zum Beispiel Ihre persönlichen Daten, Ihre Konsumgewohnheiten, Ihre Zahlungsgewohnheiten und Ihre Kaufhistorie, also welche Produkte und Dienstleistungen Sie in der Vergangenheit öfter gekauft beziehungsweise in Anspruch genommen haben.

Der Rabattkartenanbieter erhält dadurch einen sehr wertvollen Datenschatz, der sich monetarisieren lässt. In die Umgangssprache übersetzt: Man kann die Daten zu Geld machen – zu sehr viel Geld. Zwischen jenen, die Ihre Daten verkaufen und jenen, die sie erwerben möchten, stehen die Datenhändler beziehungsweise Databroker. Ein solcher Broker ist zum Beispiel der Berliner Onlinemarktplatz Datarade. Dort bieten Händler Standortdaten von Millionen Menschen an. Vereinfacht könnte man die Dienstleistung dieses Unternehmens als eine Art »eBay für Datenpakete« bezeichnen, wo Anbieter und Nachfrager aufeinandertreffen. Und dort, wo dies geschieht, bildet sich ein Markt für Schuhe, Kleidung, Handys oder Uhren, die den Besitzer wechseln. Über die Datenmarktplätze aber kaufen Interessenten ausgesprochen sensible Ware, etwa ein paar Hundert

Gigabyte Standortdaten oder ein Paket mit mehreren Millionen E-Mail-Adressen. Sicherheitsexperten warnen, dass auf diese Art und Weise erworbene Daten sich nicht nur für personalisierte Werbung, sondern auch für Spionage, Stalking und andere kriminelle Aktivitäten eignen.[61] Wie viel Geld weltweit mit Datenhandel verdient wird, lässt sich schwer abschätzen, schließlich arbeiten viele Unternehmen dieser Branche in einer Grauzone. Zwar ist dieser Handel in den meisten Fällen noch nicht illegal, aber zumindest höchst fragwürdig.

Schauen wir uns an, für welche Daten sich die Käufer in besonderer Weise interessieren:

1. **Personenbezogene Informationen:**
   - Name, Adresse, Telefonnummer (privat und beruflich)
   - E-Mail-Adressen
   - Geburtsdatum und Geschlecht
   - Sozialversicherungsnummer (in einigen Ländern)
   - Demografische Daten wie zum Beispiel ethnische Zugehörigkeit, Familienstand und Anzahl der Kinder
   - Berufs- und Bildungsdaten: Informationen über den Arbeitsplatz, Karriereweg oder Bildungsabschluss
2. **Finanzdaten:**
   - Kreditwürdigkeit oder Scoring-Informationen (wie bei Kreditauskunfteien)
   - Finanzielle Verhaltensmuster wie zum Beispiel Hypotheken, Kredite oder Bankverbindungen

- Transaktionsdaten: Kaufgewohnheiten oder -historie
- Immobilieneigentum (Hypothekenschulden)

3. **Konsumentenverhalten:**
   - Kaufhistorie (online und offline)
   - Produktpräferenzen und Markenvorlieben
   - Loyalitätsprogrammdaten von Supermärkten oder Kreditkarten
   - Reiseverhalten und Vorlieben bei Hotels, Flügen oder Mietwagen
4. **Onlineverhalten:**
   - Suchmaschinenanfragen
   - Webseitenbesuche
   - Online-Interessen: Kategorien von Webseiten oder Themen, die regelmäßig besucht werden
   - Social-Media-Interaktionen: Likes, Shares, Kommentare und Netzwerke
5. **Standortdaten:**
   - GPS-Daten von mobilen Geräten
   - Geolokalisierungsdaten von Apps oder Browsern
   - Besuchte Orte (über Karten-Apps, Fitness-Tracker u. a.)
6. **Gesundheitsdaten:**
   - Kauf von rezeptfreien Medikamenten
   - Gesundheitsbezogene Internetsuchen
   - Nutzung von Fitness-Apps oder Wearables (Computersysteme, die direkt am Körper getragen werden)
7. **Fahrzeug- und Mobilitätsdaten:**
   - Fahrzeugregistrierungen
   - Autoversicherungsinformationen

- Daten von vernetzten Autos (Telematikdaten)
- Mietwagen

8. **Daten aus sozialen Netzwerken:**
   - Freundes- und Verbindungsnetzwerke
   - Interessengebiete, die auf Likes und Kommentaren basieren
   - Veröffentlichte Fotos und Videos
9. **Marketing- und Werbeinformationen:**
   - Targeting-Informationen für Onlinewerbung
   - Klickhistorie von Werbeanzeigen
   - Präferenzen, die auf digitalen Kampagnen oder Umfragen basieren
10. **Schätzung zukünftiger Verhaltensweisen:**
    - Prognosen zu Konsumausgaben
    - Wahrscheinlichkeit bestimmter Verhaltensweisen (zum Beispiel Heirat, Kinderwunsch und Umzüge)

Da könnte so mancher unbedarfte Zeitgenosse wieder fatalistisch mit den Schultern zucken und einwenden, wie er heiße, wo er wohne, dass er verheiratet sei, zwei Kinder habe, einen Mercedes fahre und von Beruf Bilanzbuchhalter sei, sei kein Geheimnis. Warum also sollten diese Daten so wertvoll sein? Nun, um ein einfaches Beispiel anzuführen: Die gesammelten Daten dienen auch dazu, Risikoeinschätzungen vorzunehmen. Offenbaren die Daten etwa ungesunde Lebensgewohnheiten, könnte sich dies bei den Beiträgen für Ihre Krankenversicherung bemerkbar machen. Besteht der Verdacht, dass Sie über Ihre Verhältnisse leben, könnte es demnächst Probleme geben, wenn Sie einen Kredit für Ihr neues Auto aufnehmen wollen. Und nicht nur das. In den USA kaufen sogar staatliche Stellen wie Geheimdienste bei kommerziellen Händlern relevante Daten. In einer brisanten Recherche von *netzpolitik.org* und dem Bayerischen Rundfunk heißt es, laut einer Studie der Denkfabrik Interface sei es plausibel, dass sich auch deutsche Geheimdienste bei Datenhändlern bedienten. Entsprechende Anfragen der Rechercheure blieben unbeantwortet. Lediglich das Bundesverteidigungsministerium schrieb zum Thema Militärischer Abschirmdienst (MAD), das zuständige Bundesamt nutze »alle gesetzlich zulässigen Mittel«.[62] Das lässt viel Spielraum für Spekulationen zu.

Für ihre Recherche beschafften sich der Bayerische Rundfunk und *netzpolitik.org* nach eigenen Angaben einen Datensatz mit 3,6 Milliarden deutscher Standortdaten. Er stammte vom Datenhändler Datastream Group aus Florida. Die Daten hätten rund 11 Millionen verschiedene Gerätekennungen beinhaltet und seien auf einen 2-monatigen Zeitraum Ende 2023 datiert gewesen. Weiter heißt es in dem Bericht: »Die Daten offenbaren die Bewegungsprofile von Millionen Menschen. Sie lassen etwa Rückschlüsse zu, wo sie arbeiten, wohnen, einkaufen oder spazieren gehen, ob sie ins Krankenhaus, in die Kita oder ins Bordell fahren. Durch simple Onlinerecherchen konnten wir mehrere Personen anhand der Daten eindeutig identifizieren, weil etwa ihre Wohnadresse im Telefonbuch steht und ihr Arbeitsplatz in sozialen Medien. [...] Die Daten erhielten wir als gratis Kostprobe, die als Vorschau für ein Abonnement dienen sollte: Für rund 14 000 US-Dollar bietet der Händler einen kontinuierlichen Strom frischer Standortdaten von Abermillionen Smartphones auf der ganzen Welt, nahezu in Echtzeit.«[63]

Vorsicht mit populären Handy-Apps

Es stellt sich die Frage, aus welchen Quellen die Daten stammen, mit denen da ein so blühender Handel getrieben wird. Neben öffentlichen Aufzeichnungen wie Grundbuchdaten, Kfz-Zulassungsdaten und Heiratsregistern werden verstärkt kommerzielle Datenquellen angezapft, etwa beim Einzelhandel, bei Kreditkartenunternehmen und Datenanalysefirmen. Ferner werden Daten in großem Umfang mittels Onlinetracking abgegriffen, also mithilfe von Cookies, Tracking-Pixel und App-Daten.

Hinzu kommen die vielen populären Handy-Apps für Wetter, Navigation, Dating und vieles mehr, die unter anderem GPS-Daten für Werbezwecke weitergeben. Dies ist dann sogar legal, wenn die Nutzer von Handy-Apps in die Datenschutzbestimmungen der betreffenden App eingewilligt haben, in denen häufig eine Weitergabe der Daten an Händler enthalten ist. Allerdings ist dieses »Detail« oft so gut in dem berühmt-berüchtigten Kleingedruckten versteckt, dass der flüchtige Leser es übersieht. Die Information, die dem Akt der Zustimmung laut Gesetz vorauszugehen hat, findet also in der Praxis nur bedingt statt.

Außerdem haben die meisten Datenhändler ihren Sitz in den USA, wo einschlägige Gesetze, wie sie in der europäischen Datenschutz-Grundverordnung (DSGVO) enthalten sind, nicht greifen. Und Datenmarktplätze wie Datarade verarbeiten die Daten nicht, sondern vermitteln sie nur an Interessenten und Händler und kassieren dafür eine Provision.

Mehr Sensibilität bei der Wahrung der eigenen Privatsphäre im Allgemeinen und die Nutzung des Freiheits-Handys im Besonderen könnten das Geschäft für die Datenjäger erheblich erschweren und wirtschaftlich weniger attraktiv machen, weil es aufwendiger und teurer werden würde, die Daten zu beschaffen. Denn der Datenhandel ist nicht zuletzt deshalb so lukrativ, weil es viele von uns den Databrokern zu leicht machen.

Anhang II: Data-Mining

Wenn polizeiliche Behörden mit Software von US-Techgiganten umfassende Persönlichkeitsprofile anlegen

In einer Fragerunde von Mitte September 2024 prophezeite der Gründer des US-Konzerns Oracle, Larry Ellison, den Aufstieg des modernen Überwachungsstaates durch künstliche Intelligenz. Ellison steht dieser Entwicklung jedoch keinesfalls kritisch gegenüber, sondern sieht darin die Möglichkeit, dass sich die Bürger von ihrer besten Seite zeigen können. Daher möchte er den Behörden die notwendige Technologie zur Verfügung stellen, die für die Analyse der Echtzeitdaten von Millionen von Überwachungskameras nötig sind.[64] Damit würde sich trotz eines Verbots des Bundesverfassungsgerichts in Karlsruhe vom Februar 2023 der Trend fortsetzen, dass die Polizei zur Erstellung von automatisierten Persönlichkeitsprofilen hochsensible Daten analysieren und auswerten darf.

Ellisons Zukunftsvision steht der von Orwell in nichts nach, sie kommt allerdings mit viel mehr technischer Raffinesse daher. Statt von Orwells simplen Telepromptern werden die Bürger auf Schritt und Tritt von Computern überwacht. Und selbst Polizeibeamte sollen durch das Tragen von Körperkameras kontinuierlich kontrolliert werden, selbstverständlich nur um der Sicherheit willen.

Ob es nun um den Einsatz von Satellitenbildern zur Verbesserung der landwirtschaftlichen Erträge oder jenen von Drohnen zur Verfolgung von Verdächtigen geht, Ellisons Firma Oracle will ungeachtet möglicher Datenschutzbedenken die vielfältigen Einsatzmöglichkeiten der KI durch sein technisches Know-how unterstützen. Damit findet Oracle seinen würdigen Platz unter US-Softwareunternehmen wie Palantir oder der Firma Darktrace des erst kürzlich verstorbenen Mike Lynch.

Was versteht man unter Datklar

Data-Mining bezeichnet den Prozess, in dem große Datenmengen systematisch analysiert werden, um Muster, Zusammenhänge und nützliche Informationen zu entdecken, die oft auf den ersten Blick nicht erkennbar sind. Dieser Prozess nutzt statistische, mathematische und maschinelle Methoden.

Data-Mining nach dem Bayes-Theorem

Mit dem Untergang der Luxusyacht *Bayesian* von Techmilliardär Mike Lynch Mitte August 2024 erlangte das Bayes-Theorem neuerliche Bekanntheit.[65] Nach dem Statistiker Thomas Bayes aus dem 18. Jahrhundert benannt, beschreibt das Theorem die

Wahrscheinlichkeit eines Ereignisses auf der Basis von Präzedenzwissen. Hinter ihm verbirgt sich also ein Algorithmus zur Berechnung eines unbekannten Parameters und damit die Grundlage eines jeden Data-Minings zur automatisierten Analyse von großen Datenbeständen mittels spezieller Software. Zu den Unternehmen, die zum Data-Mining die passende Software liefern, gehört auch die von Lynch gegründete Firma Darktrace. Diese hat eine selbstlernende KI entworfen, welche Unternehmen in Sekundenschnelle vor Cyberangriffen schützen kann, da die Software das Verhalten jedes einzelnen IT-Nutzers kennt. Wenn sie auf dedizierter Server-Hardware installiert und mit den Hauptnetzwerkschaltern verbunden ist, ist die Software in der Lage, eine Verbindung herzustellen, durch die sich der gesamte Datenverkehr auf externe Geräte übertragen und vollständig untersuchen lässt. Deshalb ist Darktrace nicht nur der Traum der großen Geheimdienste, sondern auch jeder polizeilichen Ermittlungsstelle. Während bislang Informationen über tatverdächtige Personen aus allgemein zugänglichen Quellen sowie von öffentlichen und privaten Stellen in mühevoller Arbeit monatelang ausgewertet werden mussten, können Datenanalyse-Softwares wie Darktrace – aber auch Gotham von Palantir – die Arbeit der Polizeibeamten um ein Vielfaches erleichtern und vor allem beschleunigen.

Bereits im Februar 2023 entschied das Bundesverfassungsgericht in Karlsruhe, dass Gesetze zur polizeilichen Datenanalyse neue Vorgaben erfüllen müssen, um zur Erstellung von automatisierten Persönlichkeitsprofilen tief in die Privatsphäre eingreifen zu dürfen. Trotz dieses Riegels, der damit einer polizeilichen

Datennutzung in Wildwestmanier vorgeschoben worden war, wurde aber beispielsweise die Zusammenarbeit des Landes Hessen mit dem US-Unternehmen Palantir keineswegs beendet.

Die Polizei in Hessen setzt nämlich in ihren Ermittlungen bereits seit 2017 auf die Software HessenData von Palantir.[66] Unter dem Vorwand der Terrorismusfahndung sowie der Bekämpfung von organisierter Kriminalität und Kindesmissbrauch lassen sich mit jener Polizeisoftware Daten aus verschiedenen öffentlichen und nicht öffentlichen Netzwerken abgreifen und analysieren. Obwohl Kritiker die Grundrechte durch HessenData bedroht sehen und davor warnen, dass so auch unbescholtene Bürger schnell ins Visier der Ermittler geraten könnten, und das Bundesverfassungsgerichts-Urteil ihnen recht gab, fand seitdem lediglich eine Gesetzesanpassung statt. Fälle, in denen HessenData Anwendung finden darf, müssen zukünftig neben einer Neuauslegung der Speicherfristen von Daten konkreter benannt und definiert werden.[67] Nicht nur Hessen wird also fortan weiter auf das Palantir-Tool setzen, sondern auch Bayern. Nach einer Testphase mit der umstrittenen Analyse-Software VeRA startet die bayerische Polizei in Kürze wohl auch den Echtbetrieb mit der Analyseplattform.[68]

Gefahrenabwehr auf Kosten von unverhältnismäßigen Eingriffen in die Grundrechte der Bürger – das ist jene Gretchenfrage, die man sich beim Einsatz der Palantir-Software und aller zukünftigen Data-Mining-Programme stellen sollte. Werden große Mengen an höchst sensiblen Daten ausgewertet und auf deren Grundlage detaillierte Persönlichkeitsprofile angelegt, so stellt dies nicht nur einen schwerwiegenden Eingriff in das Recht auf informelle

Selbstbestimmung dar, sondern man sollte sich klarmachen, dass diese Daten in die Hände von US-Konzernen geraten könnten. So warnte bereits der bayerische Datenschutzbeauftragte Thomas Petri: »Das Unternehmen [Palantir] mag seriös sein, aber das Tool ist sehr, sehr eingriffsoffensiv. Das ist ein extrem hoher rechtsstaatlicher Preis, den wir da zahlen.«[69] Dies gilt umso mehr, wenn auch von Vorurteilen behaftete Daten ungeprüft in die Data-Mining-Analyse miteinfließen. Dementsprechend warnen Kritiker des *Predictive Policing* – der Vorhersage künftiger Straftaten durch Technologieauswertung – davor, dass Bürger aus rassistischen, politischen oder ideologischen Gründen zum Ziel von polizeilichen Maßnahmen werden könnten.

Wann ist Data-Mining gerechtfertigt?

Dass »zur Verhinderung von Straftaten« tatsächlich detaillierte Persönlichkeitsprofile von Bürgern angelegt werden, die bislang polizeilich noch nie in Erscheinung getreten sind, zeigt das Polizeigesetz von Nordrhein-Westfalen, das niedrige Eingriffsschwellen zulässt, um Data-Mining zu ermöglichen. Statt sich auf die Bekämpfung schwerster Kriminalitätsdelikte zu beschränken, dürfen Datenanalyse-Softwares auch zur Bekämpfung von kleineren Vergehen wie Beamtenbestechung eingesetzt werden. Betroffene, die so ins Raster der Polizei geraten, werden hierüber noch nicht einmal informiert, was es ihnen faktisch unmöglich macht, rechtliche Schritte gegen den Eingriff in ihre Grundrechte einzuleiten.

Wie gerechtfertigt Gesetzentwürfe zur Vermeidung von Straf- und Terrorakten wie etwa der 2024 von der Bundesregierung vorgelegte Entwurf zur »Verbesserung der Terrorismusbekämpfung« auch sein mögen, der kritische Bürger sollte sich stets fragen, ob hierdurch der Polizei nicht einfach nur digitale Befugnisse eingeräumt werden. Zwar wird offiziell so getan, als ginge es lediglich darum, die Methoden der Polizei endlich auf den technischen Stand des 21. Jahrhunderts zu bringen, doch in Wirklichkeit handelt es sich beim Data-Mining wie der biometrischen Gesichtserkennung, deren Einführung jener Gesetzentwurf ebenfalls vorsieht, um die Erweiterung von digitalen Späh- und Überwachungsbefugnissen für die Ordnungshüter.

Dementsprechend beschreibt Professor Dennis-Kenji Kipker eben den Gesetzentwurf zur »Verbesserung der Terrorismusbekämpfung« als »schlimmste Überwachungsnovelle aller Zeiten«.[70] Es gehe der Bundesregierung hierin um »die Schaffung einer umfassenden Befugnis für den biometrischen Abgleich von öffentlich zugänglichen Daten aus dem Internet mittels automatisierter technischer Verfahren wie KI-basierter Systeme«. Obwohl konkrete Details zur Umsetzung nicht genannt werden, dürfte wohl sicher sein, dass auch Data-Mining eine große Rolle spielen wird. Wenn Massendatenauswertung, Datenbankzusammenführung und künstliche Intelligenz miteinander kombiniert werden, steht für Professor Kipker fest, dass uns nichts Geringeres droht als ein »sicherheitsbehördliche[r] Daten-Supergau«.

Der Sprecher des Chaos Computer Clubs Matthias Marx ließ in einem Statement mit dem Titel »Zivilgesellschaft kritisiert Sicherheitspaket« vom 11. September 2024 verlauten, dass es, falls jener Gesetzentwurf verabschiedet werde, nicht mehr genüge, »schöne Stellungnahmen zu schreiben und alle 3 Jahre eine Demo gegen die Vorratsdatenspeicherung zu organisieren. Künftig müssten wir dazu anleiten, Überwachungsmaßnahmen zu sabotieren und abzuschalten.«[71] Angesichts der Tatsache, dass solche Überwachungsmaßnahmen zum Standardrepertoire der polizeilichen Ermittlungen werden sollen, wird Marx' Vorschlag in seiner Umsetzung jedoch umso schwerer werden.

Anhang III: Künstliche Intelligenz

Wird künstliche Intelligenz den Menschen überflügeln?

Seit Monaten kursieren die wildesten Gerüchte über das neue KI-Modell, das OpenAI mit dem Codenamen Project Strawberry herausbringen will.[72] Es steht jetzt den Usern des Chatbots ChatGPT Plus[73] unter dem offiziellen Namen o1 zur Verfügung. Zwar benötigt o1 im Gegensatz zu anderen KI-Modellen mehr Zeit zum Antworten, denkt dafür jedoch über Problemstellungen nach und ahmt damit zum ersten Mal die menschliche Fähigkeit zum Nachdenken und Lernen nach. Doch was bedeutet es in letzter Konsequenz für die Menschheit, wenn der Maschine immer mehr menschenähnliche Züge verliehen werden?

Denn Softwareentwickler, allen voran OpenAI, arbeiten bereits an einer Software, die mit menschenähnlicher Intelligenz und der Fähigkeit zum Selbststudium ausgestattet ist und allgemeine künstliche Intelligenz (AGI) genannt wird. Zwar handelt es sich bei o1 angeblich um keine AGI, doch das nun erschienene

KI-Modell von OpenAI soll noch komplexere Aufgaben lösen können als die derzeit verfügbaren KI-Versionen.[74] Im Gegensatz zu seinen Vorgängern soll o1 nämlich in der Lage sein, Schlussfolgerungen zu ziehen und Begründungen für diese zu liefern. Hierzu benötigt o1 keine spezifischen Trainingsdaten, sondern geht zur Lösungsbewältigung strategisch vor und unterscheidet sich damit von seinen Vorgängern. Denn bisher arbeitet ChatGPT sequenziell von Input zu Output, indem durch statistische Vorhersagen das nächste Wort vorhergesagt wird und damit Sätze produziert werden. Das Manko hierbei ist allerdings, dass die Antworten nicht rückwirkend angepasst werden können, weswegen sich o1 das aus Stanford bekannte Tree-of-Thoughts-Verfahren (ToT)[75] zunutze macht, welches es der KI anhand logischer Baumstrukturen ermöglicht, verschiedene Argumentationspfade auszuprobieren und bei Bedarf zu einem vorherigen Punkt in der Gedankenkette zurückzukehren. Anders als andere KI-Modelle liefert o1 somit Begründungen für seine Antworten, um diese wiederum als Trainingsdaten zu verwenden, auf deren Grundlage weitere Trainingsdaten generiert werden können. Dahinter steht wiederum eine weitere von Stanford-Forschern entwickelte Methode des Self-Taught Reasoner, wodurch o1 immer komplexere Überlegungen anstellen und womöglich den Menschen irgendwann überflügeln kann.[76]

Was bedeutet Denken überhaupt?

Nicht nur Pädagogen, Philosophen und Psychologen, sondern auch Neurowissenschaftler beschäftigen sich seit jeher mit

Denkprozessen. Dabei wird unter Denken ein kognitiver Informationsverarbeitungsprozess verstanden, der zwar nicht greifbar gemacht werden kann, es den Menschen aber ermöglicht, Begriffe zu bilden und mit deren Hilfe die Umwelt einzuordnen sowie Aufgaben und Probleme zu bewältigen.

Obwohl die KI durch ihre eingeschränkte Wahrnehmung, Sinnbildung und mangelnde Erfahrung noch weit von der menschlichen Denkfähigkeit entfernt ist, könnte mit o1 zum ersten Mal ein technisches Wesen geschaffen worden sein, das es in Sachen Logik und Problemlösen mit dem Menschen aufnehmen kann. Inwiefern man dabei dem o1-Modell tatsächlich eine Denkleistung zuschreiben will, hängt davon ab, wie Denken definiert wird.

Wird der Denkprozess als bewusster, absichtlicher und kreativer Prozess verstanden, welcher mit Reflexionsfähigkeit, Intuition und Bewusstsein einhergeht, so bewegt sich die KI immer noch auf einem Imitationsniveau. Wird Denken hingegen als autonomer Prozess betrachtet, welcher unbewusst abläuft und in der Wissenschaft unter dem Stichwort »spontaneous task-unrelated thought« (»spontanes, von Aufgaben unabhängiges Denken«)[77] läuft, ist ein entscheidender Unterschied zwischen menschlichem und maschinellem »Denken«, dass es Letzterem an Bewusstseinsbildung, Kreativität, Intuition und Verantwortlichkeit fehlt.

Ein Grund mehr, warum auch OpenAI die Risiken der selbst denkenden KI o1 erkannt und diese in der am 12. September 2024 veröffentlichten Systemcard noch einmal ausdrücklich benannt hat. Dort heißt es unter dem Punkt 3.3.1 Apollo Research[78], einer Bewertungsorganisation, welche sich auf die

Risiken durch täuschend echte KI-Systeme spezialisiert hat, dass die KI »intrigiert«, sofern es der Erreichung ihrer Ziele nützt und ihr zu einer verbesserten Selbsterkenntnis verhilft.[79] Obwohl o1 nicht darauf programmiert ist, zu täuschen, hat Apollo herausgefunden, dass die KI manchmal instrumentell die Ausrichtung ändert, wenn sich dadurch die vorgegebenen Ziele erreichen lassen. Im Unterpunkt 4.2.1 »Beobachtung von Reward Hacking bei Cybersicherheitsaufgaben« heißt es dazu, man habe herausgefunden, dass die KI besonders dann ein sogenanntes »Belohnungs-Hacking« (*Reward Hacking*) betreibt, wenn sie sich dadurch verspricht, spezifizierte Aufgaben zu lösen, die andernfalls aufgrund einer zu hohen Fehlerquote unlösbar gewesen wären.[80] Somit verfolgt o1 instrumentelle Ziele, das heißt, die KI befindet über Entscheidungssituationen, welche als Mittel in einem mehrstufigen Entscheidungsprozess zur Erreichung des Endziels zwangsläufig auftreten, und agiert somit sehr ähnlich, wie es Menschen tun.

Humanoide Roboter

Während 2016 mit dem humanoiden Roboter Sophia vom Hongkonger Unternehmen Hanson Robotics erstmals die Befürchtung laut wurde, dass Roboter in absehbarer Zeit dank ihrer Fähigkeit zur menschenähnlichen Interaktion den Menschen als solchen ersetzen könnten, wird durch o1 der Mensch erneut in seiner bislang einzigartigen Denkfähigkeit als solcher infrage gestellt. Humanoide Roboter wie Sophia kamen dem menschlichen Körper nicht nur in seiner Statur erstaunlich nahe, sondern Sophia schaffte es überdies, menschliche Bewegungen, Mimik und Interaktionen nachzuahmen.[81] Die Befähigung zum Denken könnte die KI bald auch in die Lage versetzen, eigenständig zu lernen und damit dem Menschen noch ähnlicher und damit auch gefährlich zu werden. Denn da die KI im Gegensatz zum Menschen über kein Bewusstsein verfügt, kennt sie auch keinerlei Skrupel.

Welchen Stellenwert wird der Mensch zukünftig haben?

Der französische Philosoph René Descartes prägte seinerzeit den viel zitierten Satz »Cogito, ergo sum« (»Ich denke, also bin ich«). Damit brachte er zum Ausdruck, dass alles um ihn herum durch das Zusammenspiel von Bewusstsein, Sinneseindrücken und Wahrnehmung eine Täuschung sein könnte. Erst die Fähigkeit, an der Wahrhaftigkeit der eigenen Wahrnehmung zu zweifeln, würde den Menschen aus philosophischer Sicht letztlich zum Menschen machen. Insofern charakterisierte Descartes den Menschen durch seine bewusste Fähigkeit zu zweifeln, weswegen der KI bislang auch ein Bewusstsein von Experten wie dem britischen Neurowissenschaftler Anil Seth abgesprochen wird. In dem 2021 in London erschienenen Werk *Being You: A New Science of Consciousness* definiert Anil Seth Bewusstsein als »jede Form subjektiver Erfahrung«, über welche die KI aufgrund ihrer Programmierung durch Dritte nicht verfügt. Anlässlich des Festivals der Philosophie zum Thema Psyche in Modena, Italien, unterstrich Seth in einer Pressekonferenz seine Überzeugung, dass Bewusstsein mit Leben einherginge und widersprach der Ansicht vieler Experten, dass AI nicht nur intelligent sei, sondern auch ein Bewusstsein habe. Seth unterscheidet dabei strikt zwischen Intelligenz und Bewusstsein, erklärte jedoch, ein häufiger Grund dafür, dass wir in Systeme wie ChatGPT Bewusstsein projizieren, sei die Verwechslung von Intelligenz und Bewusstsein. Seth unterstreicht, »dass wir mit Systemen interagieren, die auf sehr überzeugende Weise Gefühle und Gedanken haben«. Durch denkende KI-Modelle wie o1, aber auch eingebaute Sensoren in humanoiden Robotern könnten Maschinen zukünftig sogar noch empathischer und menschlicher wirken.[82] Problematisch findet Seth dabei, dass es bislang keinen konsistenten moralischen und ethischen Verhaltenskodex gibt, wie man mit KI umzugehen habe und in wessen Verantwortung es liegen solle, die KI hinsichtlich eines moralisch oder ethisch angemessenen Verhaltens zu programmieren. Seth spielt hier auf die hypothetische Möglichkeit an, dass Robotern ethische Rechte zugesprochen werden könnten.

Als vor einigen Jahren bereits erste humanoide Roboter im Pflegebereich eingesetzt wurden, entbrannte angesichts der Tatsache, dass Maschinen immer menschenähnlicher werden, eine Diskussion über die ethischen Herausforderungen. In einem Artikel von 2017 mit dem Titel »Die Rechte der Roboter« sagte der evangelische Theologe Arne Manzeschke zu dieser Frage: »Denn das müssen wir der Maschine zugestehen: Wenn sie so etwas wie Autonomie hat, wenn sie so etwas wie Handlungs- und Verantwortungshoheit hat, dann muss man ihr auch zubilligen, dass sie [sich ihre eigene Ethik entwickelt].«[83]

Für den Menschen würde sich daraus zwangsläufig ein besonderes Dilemma ergeben. Zwar wurde mit der KI ein materielles Objekt ohne Bewusstsein kreiert, dieses besitzt aber die Fähigkeit, sich autonom zu einer immer besseren Imitation des Menschen weiterzuentwickeln. Wenn ihm dann noch, wie Manzeschke fordert, eine »Handlungs- und Verantwortungshoheit« zugesprochen wird, muss sich zwangsläufig irgendwann die Frage stellen, ob der Mensch von der KI womöglich überflügelt wird und ob die KI letztlich nicht die »bessere« Form von Leben wäre. Noch nie in der Menschheitsgeschichte stand der Mensch so kurz davor, sich selbst zu degradieren und an seiner Stelle eine bewusstlose, tote Maschine zur Krönung der Schöpfungsgeschichte zu erheben.

Wie lange ist der Mensch noch ein Mensch?

Die Fähigkeit, Emotionen zuzulassen und bewusst über Gedanken nachzudenken, ist ein menschlicher Wesenszug, an dem es der KI allen technologischen Fortschritten zum Trotz nach wie vor mangelt. Insbesondere der freie Wille, also die Kapazität, fernab jedweder Programmierung und Anbindung an Dritte über das eigene Handeln bestimmen zu können, unterscheidet selbst eine so ausgeklügelte KI wie o1 – noch – vom Menschen. Doch bereits Ende 2023 meldete der berühmte Wissenschaftler Robert Sapolsky von der Stanford University Zweifel an der Existenz des freien Willens an. In einem Artikel in *Business Insider* wird er dahingehend zitiert, dass Entscheidungen seiner

Ansicht nach durch Gene, Erziehung, aber auch Lebensumstände vorherbestimmt seien. Sapolsky betrachtet den Menschen daher als biologische Maschine, deren Gefühle Teil seiner »naturgegebenen Programmierung« sind. Seine alltäglichen Handlungen würden lediglich durch die Steuerung unbewusster Impulse ausgelöst werden.[84]

Interessanterweise lässt Sapolsky den Einfluss der KI auf den Menschen in seiner Betrachtungsweise völlig außer Betracht. Dabei sind es doch vor allem Algorithmen, welche im technischen Zeitalter analysieren und determinieren, welche Interessen ein Mensch hat, und ihn zu bestimmten Verhaltensweisen wie dem Konsum oder Kauf von gewissen Produkten verleiten. Der freie Wille, der bislang eine Art freie Lücke für unvorhergesehene Handlungsweisen darstellt, wird also durch das Ausrechnen von maschinellen Statistiken gefüllt. Beruht das Schicksal der Menschen auf den Vorhersagen von Algorithmen, wird dem Menschen in letzter Instanz auch noch sein freier Wille aberkannt. Damit verschwimmen die Übergänge zwischen Mensch und Maschine immer mehr, und Menschen werden irgendwann zu Robotern. Besser hätte es sich auch Aldous Huxley in seinem Roman *Schöne neue Welt* nicht ausdenken können.

Nachwort

Liebe Leserin, lieber Leser,

ich hoffe, ich konnte Ihnen mit diesem Buch konkrete Tipps an die Hand geben, wie Sie Ihre Privatsphäre effektiv schützen und Ihr Handy künftig nutzen können, ohne dass »Big Brother« in Gestalt von Unternehmen, Regierungen, Geheimdiensten oder anderen neugierigen Instanzen auf Ihre Daten frei zugreifen kann.

Mein Ziel war es, Sie nicht nur für die Risiken der Digitalisierung zu sensibilisieren, sondern Ihnen auch zu zeigen: Wir können uns schützen, ohne auf die Vorteile der Technik verzichten zu müssen. Die Digitalisierung schreitet unaufhaltsam voran, und wir können die Uhr nicht zurückdrehen – aber wir müssen nicht tatenlos zusehen, wie wir zu gläsernen Menschen werden. Wir haben die Werkzeuge, uns zu befreien, und genau darum geht es: um unsere Freiheit.

Wir leben in einer Zeit, in der wir uns entscheiden müssen, wie wir unsere Daten nutzen und wem wir vertrauen wollen. Alternative Betriebssysteme, Open-Source-Software, verschlüsselte Kommunikationswege – all das gibt es. Und es funktioniert! Wir können den digitalen Fortschritt zu unserem Vorteil nutzen, ohne die Risiken zu billigen und in Kauf zu nehmen.

Schauen wir auf die jüngsten Entwicklungen: Zwar fand der Globale Digitalpakt[85], der im September 2024 von der UN beschlossen wurde, kaum mediale Beachtung, doch wir erkennen darin den Kern eines neuen Überwachungssystems, das bis 2030 gläserne Menschen schaffen soll. Dieser Pakt führt uns immer weiter in die totale Kontrolle durch digitale IDs und Zentralbankwährungen – in ein System, das wir verhindern können und müssen.

Es ist unsere Aufgabe, dem entgegenzuwirken, indem wir dezentrale, freie Lösungen wie Bitcoin, Bargeld und Open-Source-Systeme nutzen. Der Digitale Aktivist in mir sagt: Die Freiheit liegt in unserer Hand, wir müssen sie nur ergreifen.

Die Zukunft gehört den Menschen,
die ihrem Herzen folgen,
egal was die Kritiker sagen.
Denn es sind die Außenseiter,
die die Welt verändern
und einen echten und
bleibenden Unterschied machen!

Alles Liebe und viel Erfolg auf Ihrem Weg in die Freiheit!

Ihr Michael

Literaturverzeichnis

Ballweg, Michael, Ludwig, Ralf: *Richtigstellung! Es war noch nie falsch, quer zu denken!*, Tiger Press, Frankfurt am Main 2023.

Brückner, Michael, Horn, Jessica: *Digitale Zentralbankwährung: Wenn E-Euro & Co. zum staatlichen Kontroll- und Überwachungsinstrument werden*, Kopp Verlag, Rottenburg 2023.

Huxley, Aldous: *Schöne neue Welt*, Fischer Verlag (Neuauflage), Frankfurt am Main 2014.

Orwell, George: *1984*, Nikol Verlag, München 2021.

Seth, Anil: *Being You: A New Science of Consciousness*, Dutton/Penguin Publishing, London 2022.

Ruberg, Marc, Schmuck, Detlef: *Widerstand gegen die digitale Überwachung! Wofür Julian Assange und Edward Snowden kämpften*, DC Publishing, Wiesbaden 2022.

Steinhöfel, Joachim Nikolaus: *Die digitale Bevormundung*, FBV, München 2024.

Weiterführende Internetseiten

Bestellung Freiheitshandy:
https:// www.kopp-verlag.link/freiheitshandy-bestellen

Videokurs Freiheitshandy:
https://digitaler-aktivist.de/videokurs-freiheitshandy

Digitaler Aktivist:
https://digitaler-aktivist.de

Querdenken-711 (»Grundrechte sind nicht verhandelbar«):
https://querdenken-711.de

Zur Person

Michael Ballweg, Jahrgang 1974, wurde in der Nähe von Wertheim am Main (Main-Tauber-Kreis) geboren und galt schon seiner Mutter als »fröhlicher Rebell«. Mitte der 1990er-Jahre ließ er sich in Stuttgart nieder und absolvierte dort ein duales Betriebswirtschaftsstudium. Früh entwickelte er ein besonderes Interesse an IT und programmierte mit 23 Jahren datenbankgeschützte Websites. Sein Ziel, unternehmerisch tätig zu werden, erreichte er mit der Gründung der media access GmbH, als deren Geschäftsführer er von 1998 bis 2020 fungierte. Außerdem arbeitete er als Softwareentwickler und IT-Experte für namhafte Großunternehmen.

Zunächst bundesweit, später auch grenzüberschreitend bekannt wurde Ballweg durch die von ihm organisierten Proteste gegen die Einschränkungen der Grundrechte im Zusammenhang mit der sogenannten Coronapandemie. 2020 gründete er die Gruppe Querdenken-711 und vernetzte diese deutschlandweit mit ähnlichen Initiativen. An den von Ballweg organisierten Demonstrationen gegen die Covid-19-Restriktionen nahmen Hunderttausende von Menschen teil.

Im Juni 2022 ließ die Staatsanwaltschaft Stuttgart Ballweg unter dem Vorwurf des Betrugs und der Geldwäsche festnehmen. Da sich die Vorwürfe als substanzlos erwiesen, wurde er nach 9 Monaten aus der U-Haft entlassen. Über diese Zeit berichten Michael Ballweg und sein Rechtsanwalt Ralf Ludwig in dem Buch *Richtigstellung!* (siehe Literaturverzeichnis).

Ballweg organisiert weiterhin Querdenken-711-Demonstrationen, zuletzt im August 2024 in Berlin mit Zehntausenden von Teilnehmern. Dem Unternehmer und Aktivisten geht es um die Wahrung der Grundrechte, um Frieden und digitale Freiheit. Ein wichtiges Instrument auf dem Weg zur digitalen Freiheit ist das vom Kopp Verlag 2024 auf den Markt gebrachte Freiheits-Handy, das im vorliegenden Buch die zentrale Rolle spielt.

Endnoten

Alle hier aufgeführten Links waren bei Redaktionsschluss online zugänglich. Möglicherweise haben Seitenbetreiber in der Zwischenzeit Links hinter einer Paywall versteckt. Dies liegt nicht im Verantwortungsbereich von Autor und Verlag. Für Links, die nach der Veröffentlichung von den Seitenbetreibern gelöscht oder verändert wurden, übernehmen Autor und Verlag keine Verantwortung. Manche nicht mehr verfügbaren Links können mithilfe der Wayback Machine im Internet Archive aufgefunden werden: *https://web.archive.org/*.

1 *https://de.statista.com/themen/6137/smartphone-nutzung-in-deutschland/#:~:text=Die%20Anzahl%20der%20Smartphone%2DNutzer, bis%2039%2DJährigen%2096%20Prozent.*

2 *https://de.statista.com/statistik/daten/studie/568185/umfrage/smartphone-besitz-und-smartphone-nutzung-in-oesterreich/#:~:text=Mobile%20Shopping&text=Mehr%20als%20ein%20Drittel%20der,auf%203%2C7%20Millionen%20an.*

3 *https://de.statista.com/themen/3581/smartphone-nutzung-in-der-schweiz/.*

4 *https://de.wikipedia.org/wiki/Smartphone#:~:text=Der%20Begriff%20„Smartphone"%20wurde%20erstmals,neu%20verkauften%20Mobiltelefone%20mehrheitlich%20Smartphones.*

5 *https://www.welt.de/wissenschaft/plus233888756/Apps-Ahnungsloses-Zustimmen-zu-rechtsverbindlichen-Vertraegen.html.*

6 *https://www.reddit.com/r/IAmA/comments/36ru89/comment/crglgh2/.*

7 https://www.tagesschau.de/wirtschaft/verbraucher/bargeld-zahlungsmittel-100.html.

8 https://www.btc-echo.de/news/digitaler-euro-digitale-dystopie-rp1-179911/.

9 *https://dserver.bundestag.de/btd/17/144/1714455.pdf.*

10 *https://www.welt.de/wirtschaft/article243189887/Steuerbehoerden-Abfragen-von-Kontendaten-erreicht-einen-Rekord.html.*

11 Brückner, Michael, Horn, Jessica: *Digitale Zentralbankwährung – Wenn Euro & Co. zum staatlichen Kontroll- und Überwachungsinstrument werden*, Kopp Verlag, Rottenburg 2023, S. 256ff.

12 *https://www.freiheit.org/sites/default/files/2023-08/analyse_ueberwachung_teil2_260122_final.pdf.*

13 *https://de.statista.com/outlook/cmo/smart-home/deutschland.*

14 *https://www.heise.de/hintergrund/Smart-Home-Spione-in-der-Wohnung-9245397.html.*

15 *MIT Technology Review* 6/2023, zu beziehen über *https://www.technologyreview.com.*

16 *Kopp exklusiv* 10/24, S. 1 ff.

17 *https://www.focus.de/experts/vermoegensregister-geplant-eu-plant-keine-zentrale-datenbank-ueber-vermoegen-von-eu-buergern_id_260158959.html.*

18 *Kopp exklusiv* 33/24, S. 3 ff.

19 *https://www.ferner-alsdorf.de/gesetzentwurf-vermoegensverschleierungsbekaempfungsgesetz-vvbg/.*

20 Ebd.

21 *www.bundesfinanzministerium.de/Content/DE/Gesetzestexte/Gesetze_Gesetzesvorhaben/Abteilungen/Abteilung_III/20_Legislaturperiode/2024-04-23-VVBG/Stellungnahme-01.pdf?__blob=publicationFile&v=2.*

22 *www.spektrum.de/magazin/was-ist-uns-unsere-Privatsphaere-wert/1257682.*

23 *https://www.sueddeutsche.de/service/internet-facebook-chef-zuckerberg-raeumt-nach-daten-skandal-fehler-ein-dpa.urn-newsml-dpa-com-20090101-180321-99-571747.*

24 Im »Gesetz über die Selbstbestimmung in Bezug auf den Geschlechtseintrag und zur Änderung weiterer Vorschriften« heißt es in § 3: »Eine beschränkt geschäftsfähige minderjährige Person, die das 14. Lebensjahr vollendet hat, kann die Erklärungen zur Änderung des Geschlechtseintrags und der Vornamen (§ 2) nur selbst abgeben, bedarf hierzu jedoch der Zustimmung ihres gesetzlichen Vertreters. Stimmt der gesetzliche Vertreter nicht zu, so ersetzt das Familiengericht die Zustimmung, wenn die Änderung des Geschlechtseintrags und der Vornamen dem Kindeswohl nicht widerspricht.« Siehe *https://www.recht.bund.de/bgbl/1/2024/206/VO.html.*

25 Schwab, Klaus, Malleret, Thierry: *The Great Reset,* WEF, Genf 2020.

26 *https://en.wikipedia.org/wiki/You%27ll_own_nothing_and_be_happy*

27 *https://www.sueddeutsche.de/bayern/rede-zum-verfassungskonvent-soeder-fordert-zu-kampf-gegen-feinde-der-freiheit-auf-dpa.urn-newsml-dpa-com-20090101-230810-99-795281.*

28 *https://www.deutschlandfunk.de/macht-und-recht-versuch-ueber-das-denken-carl-schmitts-100.html.*

29 *https://www.all-in.de/boulevard/hass-und-hetze-im-netz-soeder-fordert-haerteres-vorgehen-gegen-telegram_arid-261354.*

30 *https://www.bmi.bund.de/SharedDocs/pressemitteilungen/DE/2024/05/strategie-gegen-extremismus-pm.html.*

31 *https://www.zeit.de/politik/deutschland/2023-12/meinungsfreiheit-zensur-studie-freiheitsindex-deutschland-2023.*

32 *https://www.tichyseinblick.de/feuilleton/buecher/joachim-steinhoefel-digitale-bevormundung/.* Siehe auch: Steinhöfel, Joachim: *Die digitale Bevormundung*, E-Book 2024.

33 *https://www.youtube.com/watch?v=DlIZ-mV91sQ.*

34 »Es gibt Redefreiheit, aber die Freiheit nach der Rede kann ich nicht garantieren.« Siehe: *https://en.wikiquote.org/wiki/Talk:Idi_Amin.*

35 *https://x.com/Steinhoefel/status/1471785531570892806.* Siehe auch: Steinhöfel, Joachim: *Die digitale Bevormundung*, E-Book 2024.

36 *https://web.archive.org/web/20220112122454/https://www.dw.com/de/innenministerin-nimmt-telegram-ins-visier/a-60397720.*

37 Der EU Artificial Intelligence Act beziehungsweise die »VU-Verordnung über künstliche Intelligenz« ist am 12. Juli 2024 in Kraft getreten.

38 *https://reitschuster.de/post/weil-jemand-ricarda-lang-als-dick-bezeichnete-bka-ermittelt/.*

39 *https://www.nzz.ch/international/gericht-entscheidet-spott-plakat-gegen-die-gruenen-ist-zulaessige-meinungsaeusserung-ld.1823285.*

40 Siehe Barth, Achim: *Haltet den Datendieb!*, E-Book 2023.

41 *https://www.srf.ch/news/schweiz/tracking-mit-ortungsdiensten-der-spion-in-unseren-handys.*

42 *https://www.spiegel.de/netzwelt/netzpolitik/datenhaendler-bieten-im-internet-standortdaten-von-millionen-handys-an-a-5f2b7150-7317-4216-a158-d0f80ee2f13f.*

43 *https://netzpolitik.org/2024/databroker-files-die-grosse-datenhaendler-recherche-im-ueberblick/.*

44 Barth, Achim: *Haltet den Datendieb!*, E-Book 2023.

45 *https://web.archive.org/web/20230924183543/https://www.br.de/nachrichten/netzwelt/datenschleuder-auto-mozilla-studie-faellt-vernichtendes-urteil,Tp9jsm5.*

46 *https://www.spiegel.de/netzwelt/netzpolitik/nsa-geheimdokument-offenbart-vierjahresplan-des-geheimdiensts-a-935342.html.*

47 *https://itwelt.at/printausgabe/gezielter-schutz-vor-cyber-attacken/.*

48 *https://www.rheinpfalz.de/lokal/landau_artikel,-nils-erklärt-sprichwörter-reden-ist-silber-schweigen-ist-gold-_arid,725321.html.*

49 *https://www.deutschlandfunkkultur.de/schweigen-ist-gold-warum-wir-geheimnisse-brauchen-100.html#:~:text=„Geheimnisse%20sind%20für%20jeden%20von,Das%20Ich%20wird%20zum%20Wir.* Siehe auch: Huber, Ursula: *Lass mir mein Geheimnis! Warum es gut tut, nicht alles preiszugeben,* Campus Verlag, Frankfurt am Main 2007.

50 *https://zitatezumnachdenken.com/fred-ammon/718.*

51 Sandboxing: Sicherheitsmethode in der IT, um Programme und Prozesse in einer isolierten Umgebung (in einer »Sandbox«) auszuführen.

52 Exploit ist eine spezielle Software, die gezielt Schwachstellen oder Sicherheitslücken in einem Computersystem oder einem Netzwerk ausnutzt.

53 *https://www.swr.de/swr1/rp/programm/warum-signal-sicherer-als-whatsapp-ist-100.html#:~:text=Wer%20steckt%20hinter%20Signal%3F,und%20einem%20Experten%20für%20Verschlüsselung.*

54 Ebd.

55 *https://www.derstandard.de/consent/tcf/story/3000000209683/grapheneos-android-fuer-alle-die-google-nicht-moegen-aber-ihre-privatsphaere-lieben.*

56 Baader, Roland, Taghizadegan, Rahim (Hrsg.): *Das Ende des Papiergeld-Zeitalters: Ein Brevier der Freiheit*, Verlag Johannes Müller, Bern 2016, Seite 153.

57 *https://www.morgenpost.de/politik/article407323329/ex-cia-chef-pager-angriff-war-eine-form-von-terrorismus.html.*

58 Brückner, Michael, Horn, Jessica: *Digitale Zentralbankwährung: Wenn E-Euro & Co. zum staatlichen Kontroll- und Überwachungsinstrument werden*, Kopp Verlag, Rottenburg 2023, Seite 183.

59 Der Tor Browser ermöglicht ein anomymeres Surfen im Internet.

60 Tor-Netzwerk: Tor steht für »The Onion Router« = dezentrales und anonymes Netzwerk, das es ermöglicht, Internetaktivitäten zu verschleiern und die Identität zu schützen.

61 *https://netzpolitik.org/2024/databroker-files-datarade-geschickte-geschaefte-im-graubereich/.*

62 *https://netzpolitik.org/2024/databroker-files-die-grosse-datenhaendler-recherche-im-ueberblick/#1.*

63 Ebd.

64 *https://t3n.de/news/ki-ueberwachung-oracle-ellison-1646652/.*

65 *https://petermcculloughmd.substack.com/p/a-bayesian-interpretation-of-two.*

66 *https://police-it.net/category/polizeiliche-informationssysteme/recherche-analyse-auswertung-polizei/hessendata_palantir.*

67 *https://innen.hessen.de/presse/pressearchiv/polizei-analyseplattform-zum-schutz-vor-terroristen-und-schwerstkriminellen.*

68 *https://www.bundestag.de/presse/hib/kurzmeldungen-965872.*

69 *https://www.youtube.com/watch?v=o2wC-OyyVag.*

70 *https://www.heise.de/meinung/KI-Gesichtserkennung-und-Co-Schlimmste-Ueberwachungsnovelle-aller-Zeiten-droht-9949880.html.*

71 *https://www.ccc.de/en/updates/2024/zivilgesellschaft-kritisiert-sicherheitspaket.*

72 *https://t3n.de/news/project-strawberry-kann-openais-ki-modell-o1-jetzt-wirklich-richtig-denken-und-wenn-ja-wie-1646176/.*

73 *https://chatopenai.de.* Dort wird ChatGPT folgendermaßen erläutert: »GPT ist die Abkürzung für ›Generative Pretrained Transformer‹. ChatGPT nutzt künstliche Intelligenz, um menschliche Sprache zu verstehen und so eine der menschlichen Sprache ähnelnde Antwort zu erzeugen. ChatGPT ist der Prototyp eines dialogbasierten Chatbots. Dieser wurde von OpenAI entwickelt.«

74 *https://www.businessinsider.com/sam-altman-openai-new-o1-model-capabilities-agi-2024-9.*

75 *https://the-decoder.de/alphazero-inspirierte-methode-verbessert-gpt-4s-logische-faehigkeiten/.*

76 *https://deref-gmx.net/mail/client/CcdSkH2uiFA/dereferrer/?redirectUrl=https%3A%2F%2Fthe-decoder.de%2Forion-und-strawberry-das-sollen-die-naechsten-ki-fortschritte-von-openai-sein%2F.*

77 *https://www.forschung-und-lehre.de/detailview/denkt-die-person-oder-das-gehirn-4667.*

78 *https://www.apolloresearch.ai/.*

79 *https://deref-gmx.net/mail/client/WeHcJ6RvrlU/dereferrer/?redirectUrl=https%3A%2F%2Fcdn.openai.com%2Fo1-system-card-20240917.pdf,* Seite 10.

80 Ebd., Seite 15.

81 *https://deref-gmx.net/mail/client/lyaDMqaKKxY/dereferrer/?redirectUrl=https%3A%2F%2Fwww.sueddeutsche.de%2Fwirtschaft%2Fkuenstliche-intelligenz-merkel-plaudert-mit-der-roboterpuppe-und-das-ist-ein-problem-1.4033933.*

82 *https://aeon.co/essays/the-hard-problem-of-consciousness-is-a-distraction-from-the-real-one.*

83 *https://www.deutschlandfunk.de/ethik-die-rechte-der-roboter-100.html.*

84 *https://www.businessinsider.de/wissenschaft/gibt-es-einen-freien-willen-dieser-wissenschaftler-ist-ueberzeugt-dass-ihr-keinen-einfluss-auf-eure-entscheidungen-habt/.*

85 *https://www.2030agenda.de/de/article/der-globale-digitalpakt-meilenstein-der-governance-des-digitalen-raums.*